得胜的生命

只是你们要行道,不要单单听道,自己欺哄自己。
《雅各书》一章22节

The Overcoming Life
Dwight L. Moody

因为凡从 神生的,就胜过世界;使我们胜了世界的,就是我们的信心(约壹 5:4)。

得胜的生命

只是你们要行道,不要单单
听道,自己欺哄自己。
《雅各书》一章22节

作者:(美国)慕迪
译者:吕平

得胜的生命 (*The Overcoming Life*) – Dwight L. Moody
Revised & Translated Edition Copyright © 2022
First edition published 1896

Please do not reproduce, store in a retrieval system, or transmit in any form or by any means – electronic, mechanical, photocopying, recording, or otherwise, without written permission from the publisher. Please contact us via www.AnekoPress.com for reprint and translation permissions.

Scripture quotations are taken from the
Chinese Union Version (Simplified).

译者注：为读者方便及文体完整起见，书中采用的圣经经文出自简体中文和合本《圣经》(CUVS)。

Translator: Ping Lue

Aneko Press

www.anekopress.com

Aneko Press, Life Sentence Publishing, and our logos are trademarks of

Life Sentence Publishing, Inc.
203 E. Birch Street
P.O. Box 652
Abbotsford, WI 54405

RELIGION / Christian Living / Spiritual Growth

Paperback ISBN: 978-1-62245-828-8

eBook ISBN: 978-1-62245-829-5

10 9 8 7 6 5 4 3 2 1

Available where books are sold

目录

第一章 - 基督徒的争战..1

第二章 - 内在的敌人..11

第三章 - 外在的敌人..25

第四章 - 悔改..39

第五章 - 挪亚方舟的教训..65

第六章 - 恩典的礼物..81

第七章 - 我会..107

有关作者..123

其他类似书籍..125

第一章

基督徒的争战

> 因为凡从　神生的,就战胜了世界;使我们胜了世界的,就是我们的信心。胜过世界的是谁呢?不是那信耶稣是　神儿子的吗?"
> （约壹 5:4-5）

一场战斗打响后,我们都迫切地想知道谁是胜利者。以上这些经文告诉我们,谁将在生命中得胜。当我刚信主时,我犯了一个错误:我以为我已经赢了这场争战,胜利在手,冠冕在握。我以为旧事已过,一切都是新的;我那老旧、腐败的本性,那亚当的生命,已经过去了。在服侍基督几个月后,我才意识到,归正仅如刚入伍参军一样。参军后,定有战斗在前,我若要得到冠冕,就必须作工、争战。

救恩是一份礼物,就像我们呼吸的空气一样,白白得到。像神赐的其他礼物一样,救恩没有价格,无其他条件,无须金钱即可获得。惟有不作工的,只信称罪人为义的　神,他的信就算为义（罗 4: 5）。然而，如果我们要获得冠冕，我们必须作工而获。因为那已经立好的根基就是耶稣基督，此外没有人能立别的根基。但若有人用金、银、宝石、草木、禾秸，在这根基上建造，各人的工程必然显露，因为那日子要将它表明出来，有火发现；这火要试验各人的工程怎样。人在那根基上所建造的工程若存得住，他就要得赏赐；人的工程若被烧了，他就要受亏损，自己却要得救；虽然得救，乃像从火里经过的一样 (林前 3: 11-15)。

从这些经文中，我们清楚地看到，我们有可能得救，但我们的工程将被火试炼。很有可能，我的一生是一个悲惨凄苦的旅程，无胜利可言，最终未能得到奖赏。我虽得救，却如被火烧一般，或者，如约伯所说，我只剩牙皮逃脱了（伯 19: 20）。我相信，正如罗得几乎未能从所多玛逃出一样，很多人将苟延残喘地来到天堂门口。他们心力交瘁，一无所获。他们的事工、所有一切都被摧毁了。

> 入伍是一回事，参加战斗又是另一码事

当一个人加入军队时，他一入伍就成为军队的一员。他的军人职责和那从军十年或二十年的人一样。尽管如此，入伍是一回事，参加战斗又是另一码事。初信的归正者，就如同刚入伍的士兵一样嫩稚。

任何人，试图依靠自己的力量去战斗，乃是愚蠢的。要战胜世界，肉体和魔鬼，对任何人来说，单靠自己是心余力绌。

基督徒的争战

然而，我们若因信与基督相交，祂常住在我们里面，我们将会战胜每一个敌人。得胜者，乃是信徒。*感谢 神，常率领我们在基督里夸胜*（林后 2：4）。借着祂，我们得胜有余。

我连想都没想过要和未悔改的人谈论战胜世界，因为，对他们来说，那简直是不可能的。就这些人而言，要战胜世界，还不如要他们试着用自己的小刀来砍伐美国的原始森林。不幸的是，很多基督徒犯了错误，以为战斗已经结束，胜利已经获得。他们认为，他们单单要做的，就是把船桨搁在船舱里，让水流自然地将船漂流进入神永恒之爱的海洋。但是，我们必须穿过急流。我们必须学习如何观察、战斗，并且得胜。战斗才刚刚开始。基督徒的生命是一场冲突和争战，我们越早明白这一现实越好。在这个世界上，没有任何一个祝福不是出自神的。所有至高至大的祝福都与神相关。当神与人一起同工时，胜利就将到来。我们，就是祂的同工。拿水磨来打个比方，你把它建在离河面四十英尺之上，即使动用全世界的资本，也不能让那条河推动水磨；但是，把水磨下降四十英尺，它立刻就启动了。我们要牢记，若要战胜世界，就必须与神同工。是祂的大能使恩典得以成就。

> 任何人，只要有基督的帮助，就能战胜每一个敌人。

有个故事，讲的是弗雷德里克·道格拉斯（Frederick Douglass）[1]，伟大的奴隶演说家，曾经有一次在他的演讲

1　弗雷德里克·道格拉斯（Frederick Douglass, 1818－1895），十九世

中，针对本种族面临的黑暗状况，悲切地说，"白人反对我们，政府反对我们，时代精神对我们不利。我看不到有色人种的希望。我充满了悲伤。"

就在这时，一位贫穷、年老的黑人妇女从观众席上站起来，说，"弗雷德里克，神难道死了吗？"我的朋友，当你把神算在内时，情况就大不相同了。

初信的信徒，当他意识到会有这场争战时，往往变得灰心丧气。他开始认为神已经抛弃他，基督教并不如所宣称的那样。相反，他应该把争战当作是一个令人鼓舞的标志才对。灵魂，从那强大敌手的牢笼中逃脱得越快，敌手就越迫不及待地要将它再次捕捉。他用尽全力来夺回失去的猎物。最坚固的堡垒才遭到最猛烈的攻击，初信的信徒，被呼召加入的战斗越激烈，就应该越有把握，这是圣灵在他心中作工的确据。如祂看顾古时候的子民，在被敌人逼迫时，在旷野里徘徊那样[2]，神不会在信徒最需要的时候抛弃他。

唯一的全胜者

小子们哪，你们是属 神的，并且胜了他们：因为在你们里面的，比那在世界上的更大（约壹 4：4）。唯一征服过这个世界的人——完全的胜利者——是耶稣基督。当祂在十字架上喊着，成了！那是征服者的呐喊。祂战胜了一切敌人。

　　纪著名美國黑人政治家、演說家、作家。參見維基百科。
2　这里指的是，以色列人因不听神的话，在旷野流浪四十年的故事。

祂胜过罪和死亡的挑战。祂胜过你、我必须面对的每一个敌人，一路披荆斩棘成为得胜者。如今，我若有基督的精神，在我里面有如基督同样的生命，那我就拥有胜过世上任何权力的力量，并以此力量战胜世界。

请注意，凡世人所行的一切都是失败。每个人，当他将眼目从神身上挪开的那一刻，就失败了。每个人，在他生命中的某个时段，都曾是失败者。亚伯拉罕失败过。摩西失败过。以利亚失败过。

以这些人为例，他们曾经如此出名、强大。然而，当他们把目光从神身上挪开的那一刻，他们就像其他人一样的软弱。这是一件非常奇怪的事情，即那些人均在他们品格中的最强处跌倒。我想，那是因为他们没有警惕防备的心。亚伯拉罕以信心著称，但当神告诉他，他和撒拉会有一个孩子时，他居然暗暗地笑了。摩西以温柔和谦逊著称，但他因怒气而失败。因他脾气失控，神未能让他进入应许之地。我知道，他被称为神的仆人，且是一个伟人，有神所赐给的能力，但从人本的角度来说，他失败了，并且被阻挡在应许之地之外。以利亚以祷告的力量、勇气闻名遐迩，尽管如此，他也成了一个懦夫。他是那时代最大胆的人，能在以色列王亚哈、宫廷、和巴力的众先知面前屹然站立。然而，当耶洗别威胁到他的生命，他就逃到了沙漠。在罗腾树下，他求神赐他一死。彼得以胆大鼎鼎有名，然而，一个小丫鬟就几乎把他吓得魂飞魄散。她一跟他说话，他就发抖，发誓说他不认识基督。我经常对自己说，我愿意五旬节那天和那个使女一起，在那里看彼得讲道[3]。

我猜想，她会说，"这个家伙怎么了？几周前，他还怕*我*。现在，他站起来面对整个耶路撒冷，指控这些犹太人谋杀耶稣。"

信心的胜利

那么，我们如何才能战胜所有的敌人呢？我们因信而活。*我已经与基督同钉十字架，现在活着的，不再是我，乃是基督在我里面活着；并且我如今在肉身活着，是因信 神的儿子而活，祂是爱我，为我舍己*（加 2：20）。我们因信得生命，以致和以马内利相连——神与我们同在。如果，神与我同在，我必将得胜。我们如何来获得这种强大的力量？惟有凭着信心。

他们因为不信，所以被折下来；你因为信，所以立得住（罗 11：20a）。如葡萄树枝，犹太人因不信而被修理剪除。我们因着信被接上葡萄树。我们因着信而活，我们因着信而站立。

接下来，我们要凭信心而行。*因我们行事为人是凭着信心，不是凭着眼见*（林后 5：7）。最不成熟的基督徒，就我所知，是那些凭着眼见行走的人。他们要看看事情将会如何显现。这完全不是凭信心而行。这乃是凭眼见而行。

3 　这里指的是彼得五旬节在耶路撒冷讲道的这件事。见《使徒行传》第二章。

我想，约瑟和雅各的生命，是最能代表凭信心还是凭眼见而行的不同处。雅各，是一个凭着眼见与神同行的人。你记得，他在伯特利的誓言：神若与我同在，在我所行的路上保佑我，又给我食物吃，衣服穿，使我平平安安地回到我父亲的家，我就必以耶和华为我的 神（创 28: 20-21）。记得当他看到约瑟从埃及派来的马车时，他的心是如何重新振作起来的？他凭着眼见行事。他永远无法经历他儿子，约瑟，所经历的诱惑和考验。约瑟，代表一个更成熟的基督徒。他能在黑暗中行走。尽管后来因解梦得尊荣，他曾度过十三年的不幸。然后，他将一切都归功于神的美善和护理[4]。

> 最不成熟的基督徒，就我所知，是那些凭着眼见行走的人。

罗得和亚伯拉罕也是很好的例证。罗得离开亚伯拉罕，在所多玛的平原上安营扎寨。他得到一大片的牧场，但那里有众多的坏邻居。他性格软弱，本应留在亚伯拉罕身边，让自己变得刚强。很多人也是这样。只要他们的母亲还在世，或者，能得到其他敬虔的人的扶持，他们就安然无事。但是，他们不能独自站立。罗得凭着眼见而行。而亚伯拉罕凭着信心而行，行神所命定的脚步。亚伯拉罕因着信，蒙召的时候，就遵命出去，往将来要得为业的地方去；出去的时候，还不知往哪里去。他因着信，就在所应许之地做客，好像在异地居住帐篷，与那同蒙一个应许的

---
[4] 有关约瑟和雅各的故事，读《创世记》二十七章至五十章。

以撒、雅各一样。因为他等候那座有根基的城,就是 神所经营所建造的(来 11:8-10)。

最后,我们凭信心而战。*此外又拿着信德当作藤牌,可以灭尽那恶人的一切的火箭*(弗 6:16)。撒旦朝我们身上投的每一个火翻,都可以被信心扑灭。凭着信心,我们可以战胜撒旦。惧怕,乃是对自己的对手比自己对基督,有更多的信心。

南北战争最初时期,国务卿苏厄德(Seward)[5]——林肯的国务卿,一位精明的政治家,预言战争将在九十天内结束。成千上万的年轻人挺身而出,自愿参军下到迪克西(Dixie)[6],横扫南方。他们以为会在九十天内返回。结果,战争持续了四年,丧失大约五十万人的生命。究竟发生了什么?原来,南军的实力,比北军想象的要强大得多。南军的实力被北军低估了。

耶稣基督绝不会犯这种错误。当祂招募一个人为祂服务,祂会揭开那人自身黑暗的一面。让他知道必须过克己的生活。如果一个人不愿意经骷髅地(Calvary)去天堂,那他根本就进不了天堂。许多人想要一个没有十字架的宗教,但是,若凭如此,他们就无法进入天堂。我们若要成为耶稣基督的门徒,就必须摈弃自己,背起十字架跟随主。让我们坐下来,算算代价。首先,不要以为你跟随了耶稣基督,就不会发生争战,在你前面将有许多的战斗。然

---

5 威廉·苏厄德 (William Henry Seward,1801—1872)第24届美国国务卿。参见维基百科。

6 迪克西 (Dixie)泛指美国南部各州。

基督徒的争战

而,如果我有一万条生命,耶稣基督就拥有每一条。只要胜券在握,人们不反对投入一场战斗。赞美神,胜利对我们所有人来说,都是可能的。

许多基督徒一生失败的原因,是他们低估了撒旦的力量。我们有一个凶恶的劲敌要对付。不要让撒旦欺骗你。除非你的灵命已亡,争战就不可避免。我们周围,几乎所有的一切,都可以吸引我们远离神。我们不会直接就从埃及一步来到神的宝座前。这之间有旷野之旅,旷野里处处是敌人。

任何人,不分男女,不要以为加入教会就大功告成了。加入教会救不了你。问题在于,是你征服了世界,还是世界征服了你?你比你五年前更有耐心吗?你的心地更良善?如果都不是,即使你是教会的一员,世界也正在征服你。保罗在给提多的书信中说,我们要在信心、爱心、忍耐上,都要纯全无疵[7]。为数众多的基督徒,在某些方面得胜,但在其他方面则很不成熟。从外表来看,仅某一部分似乎得救了。他们属神的秉性尚未完全。这是因为他们还没有醒悟,尚有一个恶敌需要征服。

> 问题在于,是你征服了世界,还是世界征服了你?

我若想知道一个人是否是真基督徒,我不会去找他的牧师。我会去问他的妻子。在家里,我们需要更多的基督徒生命。一个男人若不善待他的妻子,我根本不想听他谈基督教。若今生无救,他谈来生的救恩有何用?我们要让基督精神进入我们的家庭,融入日常生活。有些人的信

---

[7] 《提多书》二章2节,和合本《圣经》。

念、行为真是让我唾弃。每当周日,他们声色哀怜,说起话来道貌岸然,满是宗教的口气,你会以为他们是了不起的圣徒。然而,一到周一,他们就换了个人。他们衣冠楚楚,闭口不提基督,直到下一个周日。你笑了,但让我们小心,不要属于那个群体。我们必须拥有更成熟的基督信仰,否则的话,教会就会灭亡。任何人声称拥有自己并不具有的东西,是自欺欺人。如果你不战胜诱惑,世界就战胜你。双膝下跪,祈求神帮助你。让我们走向神,并求祂鉴察我们。求祂让我们警醒,不要以为,仅仅因为我们是教会成员,就万事大吉。如果我们未能战胜罪,我们就都在犯错。

第二章

内在的敌人

我们若要得胜,就必从内心开始。神就是从人的内心开始。堡垒内的敌人比外面的敌人要危险得多。

圣经教导说,在每个信徒身上,都有两种性情互相争战。我们原晓得律法是属乎灵的,但我是属乎肉体的,是已经卖给罪了。因为我所作的,我自己不明白;我所愿意的,我并不作;我所恨恶的,我倒去作。若我所作的,是我所不愿意的,我就应承律法是善的。既是这样,就不是我作的,乃是住在我里头的罪作的。我也知道,在我里头,就是我肉体之中,没有良善;因为立志为善由得我,只是行出来由不得我。故此,我所愿意的善,我反不作;我所不愿意的恶,我倒去作。若我去作所不愿作的,就不是我作的,乃是住在我里头的罪作的。我觉得有个律,就是我愿意为善的时候,便有恶与我同在。因为我按着我里面的意思(原文作"人"),我是喜欢 神的律;但我觉得肢体中另有个律和我心中的律交战,把我掳去,叫我附从那肢体中犯罪的律（罗7：14-23）。在给加拉太人的书信中，保罗又说，*因为情欲和圣灵相争，圣灵与情欲相争；这两个是彼此相敌，使你们不能作所愿意作的*（加5：17）。

我们从神生的时候，就得到了祂的性情，但神没有立即取走所有旧的性情。各样动物和鸟类都有其天性。你可以分辨出鸽子和金丝雀的天性。马有其性情，牛亦如此。人，却有两种性情。不要被世界和撒旦迷惑，以为你旧的性情已灭绝，事实上并没有。*这样，你们向罪也当看自己是死的；向 神在基督耶稣里，却当看自己是活的*（罗6：11）。你若真死了，还用得着承认自己已经死了吗？死本身没有思想情欲。然后，保罗在《哥林多前书》九章27节中说：*我叫身服我*。肉体若真死了，保罗就无须将其制服。我虽在律法下是死的，但旧的性情还活着。所以，我若不将肉身制服，将肉体、情欲钉在十字架上，低劣的性情就见机行事，我就会被罪捆绑。尽管许多人完全可以过得胜的生活、获得自由，但他们一生仍在旧的性情的捆绑中度过。老的亚当永远不会死。它依然腐败。*从脚掌到头顶，没有一处完全的，尽是伤口、青肿、与新打的伤痕，都没有收口，没有缠裹，也没有用膏滋润*（赛1：6）。

曾经有个印度人，得了一只虎崽，把它驯服成了宠物。有一天，虎崽长大了，尝到了血的味道。老虎的本性顿时显出，结果，只好把老虎杀掉。信徒的旧性情亦如此。尽管它被压住了，却永不死亡。除非信徒保持警惕，常常祷告，

内在的敌人

否则，旧的性情将占上风，将他推入罪中。有人曾指出，"我"（"I"）是罪（"S-I-N"）的中心。"我"是撒旦行事的工具。你必须克服的最大敌人，归根结底，就是<u>你自己</u>。

当T上尉在伦敦皈依归正时，他当时已是一位杰出的公民。他成为基督徒几个月后，有位女士问他："自从成为基督徒后，你发现什么是你最大的敌人？"

沉思了几分钟后，他说："我想，应该是我自己。"

"啊！"这位女士说。"万王之王已经带你进入祂的同在。唯有祂的同在，我们才领会这些真理。"

和我一生中遇到任何人相比，我和我自己（德怀特·慕迪）的麻烦更多。假如我能把我自己摆正了，就不会和其他人有任何龃龉。很多人和自己的员工有龃龉。你是否考虑过，问题在于你，而不在于员工？或者，某个家庭成员动辄发怒，全家人都会跟着动怒。不管你信还是不信，这都是真的。如果你对人说话很粗、尖刻，他们也会同样如此地对待你。

> *"我"（"I"）是罪（"S-I-N"）的中心。*

欲望

现在，来谈谈欲望。欲望是内敌。有多少年轻人因豪饮烈酒而毁。许多人长大后，成了父母的诅咒，而不是祝福。前不久，在某个大城市里发现了一具无名尸体，是一位年轻的自杀者。在他的口袋里，发现了一张纸，上面写着："我咎由自取。不要告诉任何人。这一切全因酗酒。"当媒体发布了这些细节，试图让死者的家庭来认领，结果，有二百四十六个家庭写信回应，每家都有一个流浪儿，家家都担心自己的儿子可能就是那自杀的年轻人。

烈酒是身体和灵魂的敌人。据报道，伦敦著名医生安德鲁·克拉克爵士（Sir Andrew Clark）[8]，曾经发表过如下声明："让我这样说，当我告诉你这个情况，我是很严谨的，且是有分寸的。当今，医院病房里，在我的几轮巡查中，躺在病床上的每十个人中，有七个人的病情是由酒精引起的。我并不是说，每一百人中有七十人是酒鬼；我不知道其中是否有一个酒鬼；但他们都使用酒精。一个人，一旦饮上一滴酒，欲望就从内心滋长，成为性情的一部分，而这性情——他的行为所造成的，传给那些以他为荣、极力效仿的后代时，将造成无法形容的诅咒。每当我想到这一点时，我愿意放弃我的职业——放弃一切——去参加一场圣战，向所有人宣讲，'提防这个种族的敌人！'"

欲望是当今世界上最具破坏性的力量。它杀死的人远超过最血腥的战争。它是犯罪、懒惰、贫穷、疾病之父母，而且硕果累累。欲望就一个人来说，现今，它是作践；来世，乃是诅咒。神的道已经宣告：*你们岂不知不义的人不能承受 神的国吗？不要自欺！无论是淫乱的、拜偶像的、奸淫的……醉酒的……都不能承受 神的国*（林前 6: 9-10）。

---

[8] 安德鲁·克拉克爵士 （Sir Andrew Clark, 1st Baronet, 1826-1893），苏格兰 医生、病理学家。参见维基百科。

内在的敌人

我们如何才能战胜这个敌人？惨痛的经历证明，人，光靠自己的力量，还不够强大。医治这被诅咒的欲望的唯一方法，就是重生——新生命——即复活的基督在我们里面的力量。一个嗜酒成性的人向神寻求帮助，神就会使他战胜酒瘾。耶稣基督来是要摧毁魔鬼的作为，只要你愿意，祂就会除去你的酒瘾。

性子

然后就是性子。一个人若没有性子，我会不屑一顾。钢若无钢性，就毫无用处。但是，性子若控制了我，我反倒成了它的奴仆，它就成了软弱的根源。性子，也许在我一生中，是我从善的强大力量、帮助我。然而，它也可能成为我内在最大的敌人，使我无法掌控。有些河流的水流如此强劲，以致无法适用于通航。

有人说，传道人凡是和脾气有关的讲道，就一定会有人来听。令人惊呀的是，即便是自称基督徒的人也无法控制脾气。我的一位英国朋友去拜访某人。当他坐在客厅里时，突然听到大厅里传来一阵响声。他问那是什么声音，说是医生把自己的靴子扔到楼下，因为靴子擦得不合其意。"很多基督徒，"一位老牧师说，"他们能以基督徒最勇敢坚强的毅力，承受一个孩子或所有财产的损失，却仅仅因打破一个盘子，或仆人的一些失误，而彻底失控。"

得胜的生命

有人曾问我说:"慕迪先生,我怎样才能控制自己的脾气?"

如果你真的想控制脾气,我会告诉你怎么做。但你不会喜欢这种救药:你要把脾气当作一种罪并承认是罪。然而,人们把认脾气为罪视为一种痛苦。甚至,有一位女士告诉我,她的脾气是从她父母那里遗传下来的。也许确实是这样。但这不应该是她的借口。

当你下次生气或对一个人说话不友善,并且,当你意识到这一点时,就应请求那人原谅你。在接下来的二十四小时内,你应该不会对那人生气。你也许会在四十八小时左右旧病重发,那就第二次去请求原谅。在你反复做了几次之后,你的品行就会改变,因为道歉将会烧毁老我。

有一位女士曾对我说:"我养成了夸大其词的习惯,连我的朋友都指责我,都不敢相信我说的。"

她说:"你能帮我吗?我该怎么做才能克服它?"

"好吧,"我说,"下次你发现自己在撒谎时,直接去找对方,说你撒谎了,告诉对方你很抱歉。承认撒谎。把它连根带枝的除掉。这就是你要做的。"

"哦,"她说,"我不想称之为撒谎。"但事实上就是撒谎。

如果基督教不能纠正你的性格,就不值得你称其为好。我已经厌倦了光动嘴皮子,言而无信的行为。别人若看不出你是否在说真话,那你肯定是出了大问题,你最好立马就改

内在的敌人

正。现在,你准备好这样做了吗?无论你是否愿意,你必要把这件事放在心上,及时处理。你知道有人因你所做的事情而被冒犯吗?如果是这样,那就直接去找他们,告诉他们你很抱歉。你说那怪不得你。甭管谁是谁非,直接去找他们,告诉他们你很抱歉。我曾很多次不得不这样做。像我这样容易冲动的人不得不经常这样做,但是,当我把事情处理完后,我晚上就睡得更香。忏悔定能带来祝福。有时我不得不跑下讲台去请求一个人的原谅,然后我才能继续讲道。一个基督徒男人应该是一位绅士。如果他还不是,并且知道自己伤害了某人,就应该立即去纠正。有许多人,加入基督教,仅仅是为了能受人尊敬而已。他们不知道得胜的生命乃是一生的事。他(她)们时而忧郁、时而恼怒,孩子们会说:"妈妈今天心情不好。得非常小心才好。"

> 忏悔定能带来祝福。

我们不要时起时落、反复无常的灰日子。如果我们得胜了,别人就会对基督教有信心。很多人没有能力得胜的原因,是因为他们把一些该诅咒的罪隐藏起来。在日出之前,不会有露水滴落。要直接进入内心深处。如果内心健全,我们可以像巨人一样走出去征服世界。

保罗说我们要在信心、忍耐和爱心上完全。如果某人的信仰不纯正,牧师可以使用教会的权利,将他从教会驱逐出去。但是,假如某人在爱和耐心方面不健全,这在教会宗旨、权利中无据可循。所以，我们若对神是真正的坦白忠诚，就必须在信心、爱心和忍耐上完全。

能碰上一个能控制自己脾气的人是多么令人愉快。据说，有一次，威伯福斯（W. Wilberforce）[9]的一位朋友看到他非常激动不安，原因是他把信放错地方了，一时找不着，而皇室成员正巧在等着这封信。正在这时，好像是火上加油，幼儿间里传来一阵骚动。

"糟了，"朋友想，"这回他可要爆怒了。"

这念头还没过去，只见威伯福斯转过身，对他说："听到这些亲爱的孩子们说话真是太幸福了。想想看，在忙碌中能听到他们的声音，知道他们都很好，是多大的解脱。"

贪心

贪心亦为罪。圣经中，针对贪心为罪的教导远远超过醉酒。我必须把贪心从我身上清除——连根带枝、彻底摧毁——不要让它管辖我。我们视喝醉酒的人如可怕的怪物，而一个贪心的人往往会被教会接纳，或担任公职；其实在神的眼里，他和酒鬼同样的卑鄙和黑暗。

这种罪最危险的地方，在于它通常不被认为是非常邪恶的。当然，我们看不起那些积财吝赏的人，但不是所有贪心的人都是吝啬鬼。关于贪心，还有一点要注意的是，年长的比年幼的更容易产生。

---

[9] 威伯福斯（W. Wilberforce, 1759—1833）。英国会议员、慈善家。参见维基百科。

内在的敌人

让我们看看圣经对贪婪是怎么说的:

所以,要治死你们在地上身体的肢体,就如淫乱、污秽、邪情、恶欲和贪婪(和合本原注:贪婪相当于拜偶像)(西 3:5)。

因为你们确实地知道,无论是淫乱的,是污秽的,是有贪心的,在基督和 神的国里,就与拜偶像的一样(弗 5:5)。

但那些想要发财的人,却陷在迷惑,落在网罗和许多无知有害的私欲里,叫人沉在败坏和灭亡中。贪财是万恶之根;有人贪恋钱财,就被引诱离了真道,用许多愁苦把自己刺透了(提前 6:9-10)。

因为恶人以心愿自夸,贪财的背弃耶和华,并且轻慢祂(诗 10:3)。

罗得受贪婪引诱来到所多玛。亚干因贪婪,使他全家都遭毁灭。贪婪是巴兰的罪孽。也是撒母耳儿子们的罪。基哈西因贪财染上麻风病。年轻的富官因恋财,不愿舍弃,忧忧愁愁地离开。贪财导致犹大以三十块银子出卖了他的主人和主。它导致亚拿尼亚和撒非喇的死亡。贪婪是腓力斯性格中的污点。贪婪,历世历代都不乏受其害者。

得胜的生命

你会问："那我怎么来省察贪心？"

我认为这并不难。假如你发现自己变得非常贪财、自私，想要得到你所能拥有的一切——就开始一点一点除掉它。只要对贪婪说，你将扼杀它、将它从你的本性中除去。

纽约有一位很富的农场主，素以囤积财富和自私出名。后来，他皈依归正了。他归正后没多久，就有个穷人来找他，寻求帮助。那人失去了一切，家里连锅都揭不开。这位初信的归正者以为自己会很慷慨，要从熏房里拿一条火腿给那人。他朝熏房走去，途中，撒旦说："把最小的火腿给他。"

> 只要对贪婪说，你将扼杀它、将它从你的本性中除去。

他一路挣扎到熏房，打不定主意是给大的还是给小的。为了征服自己的自私，结果他把最大的火腿给了那人。

撒旦说，"你真是个傻瓜。"

他回答说，"如果你再不闭嘴，我就把熏房里所有的火腿都给他。"

如果你发现自己很自私，就赠送掉一些东西。立定心志，克服自私的情欲，不管付出什么代价，都要将自己的肉身掌控。

亨利·杜兰特（Henry Durant）[10]曾告诉我，他被固特异（Goodyear）聘用，为固特异的橡胶专利打官司。如果官司成功了，他将获得专利资金的一半。有一天，他醒来后，

---

[10] 亨利·杜兰特（Henry Durant, 1822-1881），美国律师、慈善家，韦尔斯利学院的创始人。参见维基百科。

突然发现自己成了个富人。他说,从那时起,他一生最大的挣扎,就是是让金钱做他的主人,还是他做金钱的主人。他必须决定,是自己变成钱的奴仆,还是让钱成为他的奴仆。最后,他获得了胜利,韦尔斯利学院(Wellesley College)就是这样建立起来的。

是嫉妒或是贪恋?

去,为你所嫉妒的人做些善事。这就是治疗嫉妒的方法。它会根除嫉妒。嫉妒是恶魔,也是可怕的怪物。在诗人的想象中,嫉妒躲藏在一个漆黑的山洞里,脸色苍白,消瘦,躲在角落里,除了乐见别人的不幸之外,从来没有喜乐,不断地自残。

有一个寓言,说是有一只鹰比另一只鹰飞得快,那飞得慢的鹰心里很不是滋味。有一天,那飞得慢的鹰看到一个射箭运动员,就对他说:"我真盼望你能把那只鹰射下来。"

运动员回答说,假如他可以有一些羽毛插在箭上,他就会答应。于是,那鹰从翅膀里拔了一根羽毛给运动员。一箭射出,没有射中那鹰的对手。它飞得太高了。嫉妒的老鹰就拔下更多的羽毛来;一直不断地拔,拔到它无法飞起来。然后,运动员就转身把它给杀了。同样的道理,假如你嫉妒,唯一遭伤害的,是你自己。

有两个店商,他们之间有着长期的竞争,彼此心怀苦毒。然后,其中一位皈依归正了。

归正的那位找到他的牧师，说："我还是很嫉妒那个人，我不知道如何克服它。"

牧师回答说："这样吧，假如有人来你的商店买东西，你没有货，就让他去你邻居的商店那里买。"

他说："我不太喜欢这样做。"

牧师说，"你要这样做，才会把嫉妒除掉。"

他说，那就试试看吧。

当顾客走进他店里买东西，他没有货，就让顾客过了街，到他那死对头店商的店里去买。过了一阵子，那个曾是死对头的店商也开始把顾客送到他的店里来，俩人之间的裂口就愈合了。

骄傲

然后是骄傲。这是圣经强烈谴责的另一种罪，但世人却根本不认它为罪。

恶人发达，眼高心傲，这乃是罪（箴 21：4）。凡心里骄傲的，为耶和华所憎恶；虽然连手，他必不免受罚（箴 16：5）。

基督将骄傲包括在发自人内心、污秽的邪恶中。

人们以为只有富人才自豪。去到一些穷街陋巷，你会发现，有些最贫穷的人和最富有的人一样的自豪。你应该知道骄傲发自内心。没有钱的人和有钱的人一样骄傲。骄傲是敌人，我们必须将它彻底粉碎。没有必要为你这张脸感到骄

内在的敌人

傲,因为,没有一张脸能在坟墓里存活十天。没有任何值得骄傲的东西,难道不是吗?让我们求神救我们脱离骄傲。

你不能双臂交叉,说:"主啊,把骄傲从我身上拿走。"你必须与主同工。

通过培养谦卑来征服你的骄傲。保罗劝勉我们:所以,你们既是 神的选民,圣洁蒙爱的人,就要存(原文作"穿")怜悯、恩慈、谦虚、温柔、忍耐的心(西 3:12)。彼得提醒我们:……要彼此顺服;因为 神阻挡骄傲的人,赐恩给谦卑的人(彼前 5:5)。耶稣在登山宝训中教导说,虚心的人有福了(太 5:3)。

> 没有钱的人和有钱的人一样骄傲。

第三章

外在的敌人

什么是我们外在的敌人？看看雅各怎么说？你们这些淫乱的人哪（"淫乱的人"原文作"淫妇"），岂不知与世俗为友就是与　神为敌吗？所以凡想要与世俗为友的，就是与　神为敌了（雅4：4）。那么，约翰又怎么说呢？不要爱世界和世界上的事；人若爱世界，爱父的心就不在他里面了（约壹2：15）。

人们想知道，当你说世界时，你究竟是什么意思？

答案就在下一节。因为凡世界上的事，就像肉体的情欲，眼目的情欲，并今生的骄傲，都不是从父来的，乃是从世界来的。这世界和其上的情欲都要过去；惟独遵行　神旨意的，是永远常存（约壹2：16-17）。

这里提到的世界，不是指我们周围的自然界。圣经里没有一处，神告诉我们物质界是需要战胜的敌人。相反，我们读到，地，和其中所充满的；世界，和住在其间的，都属耶和华(诗 24:1)。并且,*诸天述说 神的荣耀;穹苍传扬祂的手段*(诗 19:1)。

利登牧长(Canon Liddon)[11]教导说:"以追求物质和财产为中心,人类的生活和社会已与神疏远,与神的灵和神的国度敌对。"基督说,*世人若恨你们,你们知道*(和合本注:或作"该知道"),*恨你们以先已经恨我了。你们若属于世界,世界必爱属自己的;只因为你们不属世界,乃是我从世界中拣选了你们,因此世界就恨你们*(约 15:18-19)。爱世界,意味着因爱终将逝去的事物,以致于不思考永恒的未来。

怎样才能战胜世界?既非教育,亦非经验。惟靠信心才能胜过。*因为凡从 神生的,就胜过世界;使我们胜了世界的,就是我们的信心。胜过世界的是谁呢?不是那信耶稣是神儿子的吗?*(约壹 5:4-5)。

属世的习俗和时尚

有一样东西,我们必须与之争战的,就是属世的习俗和时尚。我们必须常常抗拒世俗的东西。能面对全世界,坚韧不拔地持守正道的人,我是非常敬佩的。凡抗颜为师的人就是英雄。

打个比方说,青年人的习俗是喜欢做一些不想让你母亲知道的,或者,你母亲教导你是错的事情。有的时候,你也许不得不在同伴中独自站立。

---

11 利登牧长(Canon Liddon, known as Henry Liddon, 1829–1890),英国神学家、牧长会成员(Canon)。

外在的敌人

他们会说:"你离不开你妈妈,是不是?系在你妈妈的围裙带上啦?"

你只须说,"是的,我尊重我的母亲。她教给我是非曲直,她是我最好的朋友。我相信你们这么做是错误的,我要坚守正道。"如果你必须孤军奋战,那就孤军奋战。以诺做到了,还有约瑟、以利沙、保罗。神在历世历代都留有这样的人。

有的人说,"我喝酒是社交性的。我知道这是一件危险的事情,因为我儿子很可能会跟着我学。我随时都可以戒掉。我儿子也许没有我这样的毅力,对他来说可能太难了。可是,社会习俗的趋势就是如此。"

有一次,我去了一个地方。但我迫不得已,中途不告而辞。事情是这样的,我受邀到一个人家里,他们有提供晚餐。餐桌上摆着七个不同品种的烈酒。我很羞愧地说,他们都是基督徒。一位教会执事执意要一位年轻女士喝酒,逼得她非常尴尬。我就从桌上站起来,离开了。我觉得那绝不是我呆的地方。他们觉得我很粗鲁。抗议这种地狱之事,反倒是不合习俗的。我们应当抵抗那些引领我们踏入歧途的习俗。

几年前,我访问了南方的一所大学里,有人告诉我说,大学里谁要是不喝酒,就算不上第一流的绅士。当然,现在不是这样了。

享乐

另一个敌人是世俗的享乐。很多人沉浸在享乐中,根本没有时间静默沉思。很多人对社会、家庭一无所用,只因他们降伏于享乐之神。神要祂的孩子喜乐,惟有从神来的喜乐才有益无害。

有一次,一位女士来找我,说:"慕迪先生,我希望你能告诉我,如何才能成为一名基督徒。"泪水顺着她的脸颊滚落下来。"但是,我不想成为像你那样的基督徒。"她接着说。

"为什么,"我问,"难道我是很怪的异类?我的基督信仰怎么了?"

"是这样"她说,"我父亲是一名医生,业务繁忙。他常常搞得很累,然后就带我们去剧院放松一下。我们家是个大家庭,每周要去三四次剧院。我估计,我们去剧院的次数比去教堂要多得多。现在,我嫁给了一个律师,他有一个很大的律师所。他忙得精疲力竭,非得带我们去剧院放松才行。"她补充说,"与教会和教会的人相比,我更熟悉剧院和剧院的人。我不想放弃剧院。"

"原来如此,"我说,"你有没有听我说过关于剧院的事?每天都有记者在这里采访,代表不同的报纸。他们将我的布道内容一字不差地印在报纸上。你难道读到过我反对剧院的布道吗?"

她说:"没有。"

外在的敌人

我说,"几个星期来,我每天下午都在听众席上看到你,你有没有听我说过一句反对剧院的话?"

她当然没有。

"那好"我说,"是什么原因让你提起这事?"

"不为什么,我猜你不信剧院。"

"是什么让你这么想?"

她说:"你去剧院吗?"

"不去。"

"你为何不去?"

"因为我有更好的东西。我宁愿上街吃灰土(译者注:意即遭讥讽),也不愿做那些在我成为基督徒之前做过的事情。"

> 我宁愿上街吃灰土,也不愿做那些在我成为基督徒之前做过的事情。

她说:"我不太明白。"

我说:"当你有耶稣基督掌有权柄的时候,你就会全然明白。祂降到世上,没有立下很多条律,要我们这也不去、那也不去。但是,祂定下了丰富的行为法则。祂说,如果你爱祂,你就以使祂欢喜为乐。"当我向她传讲基督时,她的眼泪又流了下来。

她说:"慕迪先生,我告诉你,昨天下午关于基督内住的布道让我心碎。我渴慕基督,想成为一名基督徒,但我不愿放弃剧院。"

我说:"请不要再提这些了。我不想谈剧院。我想和你谈谈基督。"然后我拿着圣经,给她读了关于基督的事。

但她接着又说:"慕迪先生,如果我成了基督徒,我还可以去剧院吗?"

我说,"如果你是一个真正的基督徒,你可以尽管去剧院,而且,你可以带着祂的祝福去。"

"那太好了"她说,"我很高兴你不像某些人那样心胸狭窄。"

想到自己既可以作基督徒,又可以上戏院,她如释重负。

但我说,"如果你能为了神的荣耀去剧院,就继续去。但一定要为神的荣耀而去。如果你是基督徒,你会很乐意做任何讨祂喜欢的事。"

那天,我真的认为她成了基督徒。重担已下,喜乐就来了。不过,在她离开时,她说:"我不会放弃剧院。"

几天后,她来我这里,说:"慕迪先生,我现在完全明白剧院是怎么回事。那天晚上我去了。我们家有很大的聚会,我丈夫要我们一起去。我们就去了。但当帷幕拉开时,一切都显得那么不同。我对我丈夫说,'这不是我呆的地方。太可怕了。我不能呆下去。我要回家。'

"他说,'不要丢人现眼了。人人都听说你在慕迪布道会上皈依归正了。如果你出去,人人都会知道这件事。我求求你,不要像个傻瓜一样站起来走出去。'

"但我说,'我一生都在当傻瓜。'"

剧院没有变,但是,她却得着更好的东西。她正在战胜世界。因为随从肉体的人体贴肉体的事,随从圣灵的人

外在的敌人

体贴圣灵的事（罗 8：5）。当基督在你心中居首位时，你将获得胜利。做你知道会讨祂喜欢的事。我对上剧院这些东西的最大反对意见是，若把它们看得太重要了，就成了灵命成长的障碍。

经商

我们在经商上也必须要有控制。经商可以是上午，下午，晚上，甚至是周日。当一个人整周都像耶户[12]那样赶车，到了周日就像蜗牛一样，他难道不是出了什么问题？当然，做生意是合法的，一个人若不出去流汗挣钱，就不是一个好公民。他应当是一个优秀的商人，尽力把工作做得最好。同时，假如他一心扑在做生意上，把它当成一个神，昼夜思念，想得比什么都多，那么世界就进来了。经商可以是非常合理的，就像火一样，恰当使用，便是人类最好的朋友之一。然而，使用不当，它便成了人类最大的敌人之一。就像水一样，离开水，我们无法生存。然而，当水不受控制，它就成了敌人。

> *请记住，你每战胜一个诱惑，都使你能更有力地战胜其他的诱惑。*

所以，我的朋友们，这就是你我要解决的问题。现在，检讨自己。你得胜了吗？你是否在基督徒品格上不断地成长？你是否达到了制服世界和肉体？

---

12 原注：守望的人又说："他到了他们那里，也不回来！像宁示的孙子耶户的赶法。"（王下 9：20）

得胜的生命

请记住,你每战胜一个诱惑,都使你能更有力地战胜其他的诱惑。而每一次诱惑打败你,就会让你变得更加软弱。你可以选择变得越来越弱,或越来越强。罪会削弱你的活力,而敬虔的品格会让你更强大。有那么多的大汉子都被一些小事征服。记住《雅歌》(Song of Solomon)书中告诉我们的话。要给我们擒拿狐狸,就是毁坏葡萄园的小狐狸,因为我们的葡萄园正在开花(歌2:15)。很多人似乎认为,诸如急躁、误导和善意谎言之类都是小事。有时候,面对巨大的诱惑,你能坚贞不屈,而当面对一些小事,不知不觉中,你就跌倒了。有很多人因一丁点的逼迫而屈服。

逼迫

我认为,我们今天受到的逼迫还不够多。有人说,我们遭受的迫害和中世纪(Dark Ages)一样难以忍受。不管怎么说,我认为,我们现在要是有一点中世纪式的迫害,也许是一件好事。它会带出最坚强的品质,让我们所有人都更健康。我听说有人在祷告会上站起来,说要简单地讲几句话,结果滔滔不绝地说个不停,你还以为他要说上一个星期。如果我们有一点点逼迫,像这样的人就不会那么滔滔不绝了。司布真曾经说过,有些基督徒是殉道者的好料。因为他们太干枯了,一点就着火。如果真地竖起一些火刑柱来烧基督徒,我想有些人会投降、抛弃全部的基督信仰。我承认,其实他们也没有太多的信仰。他们若不愿为基督受一些迫

外在的敌人

害，就不配做祂的门徒。有话对我们说，*不但如此，凡立志在基督耶稣里敬虔度日的，也都要受逼迫*（提后 3：12）。世界若无话反对你，耶稣基督就无须为你说什么。

教会最辉煌的胜利是在遭迫害的时期赢得的。十字架之后，早期的教会遭逼迫大约三百年。那些年正是教会成长和扩展的岁月。但是，正如圣奥古斯丁所说，当十字架从公开处决的场合演变到了凯撒的王冠上，教会就开始走下坡路了。而当政教合一后，教会的灵性和功效就不断地恶化。反而言之，政权的敌对却起了清除所有的杂质，净化教会的作用。正是因为迫害，苏格兰才有了长老会（Presbyterianism）。正是由于迫害，这个国家才有了公民和宗教自由。

受逼迫的时候，我们怎能胜过？聆听基督的话。*我将这些事告诉你们，是要叫你们在我里面有平安。在世上你们有苦难；但你们可以放心；我已经胜了世界*（约 16：33）。保罗可以为此作见证，虽受逼迫，但他从未被主离弃。主站在他身旁，加添给他力量，救他脱离一切逼迫和苦难。

因为被嘲笑，有许多人逐渐远离基督徒的生活。有的时候，逼迫不能使一个人跌倒，阿谀奉承却能。在某人讲道之后，经常有愚蠢的人会走到他面前，奉承他。有时候，女士们常会这样做。或许，他们会对教会中的某个人说："你讲得比某某某都好。"那人就骄傲起来，大摇大摆地走来走去，仿佛他是镇上的头号要人。我告诉你，我们有一个狡猾的魔鬼要对付。如果他不能用敌对来战胜你,他会尝试奉承或野心。如果那也达不到他的目的,说不定他会给你一些苦恼或失望,用那样的方法来征服你。记住,任何人,只要有基督的帮助,就能战胜每一个敌人,无论是单独地,或是集体地战胜这些敌人。让他们来吧。我们若有基督同在,就能征服这些敌人。切记基督能做什么。古往今来,圣徒们所承受的诱惑远超过你我所面临的。

还有一件事需要考虑。我必须战胜世界,否则世界将战胜我。我必须制服我内心的罪,将它踩在脚下,否则它就会征服我。有些人有了一两场胜利就心满意足,认为足够了。我们不应当就此偃旗息鼓。这乃是一场无时不刻的战斗。事实上,我们有确据终究取胜,这当使我们倍受鼓舞。我们有应许得到辉煌的胜利。

得胜者

《启示录》里,作者对今生得胜的人作出八项应许。

得胜的,我必将　神乐园中生命树的果子赐给他吃(启 2:7)。主对生命树有权柄。当亚当堕落时,他失去了这个权利。神把他赶出伊甸园,使他不能吃生命树的果子而永活。也许是主拿了那棵树,把它移植到经文中提到的花园里。通过第二个亚当,我们被允许吃生命树的果子。

得胜的,必不受第二次死的害(启 2:11)。死亡对得胜者没有任何权势。死亡不能触碰得胜者。为什么? 因为基督

品尝过死阴,藉着祂的死,为众人赢得了胜利。死亡可能会取走这个身体,但仅此而已。这身体仅是我居住的房壳子。我们若得胜,就不惧怕死。

得胜的,我必将那隐藏的吗哪赐给他,并赐给他一块白石,石上写着新名;除了那领受的以外,没有人能认识(启2:17)。我若得胜了,神必将那世上未知的粮喂养我,祂将赐给我新名字。

那得胜又遵守我命令到底的,我要赐给他权柄制服列国(启2:26)。想一想,拥有什么东西?是制服列国的权柄!一个能自律的人,是神可以信赖、赐有权柄的人。能治理自己的人,才适合治理他人。这样看来,我们是在地上受操练,神磨练我们以致我们能提供更高的服事。细节可能并不具体,但神的话语告诉我们,我们将和祂一起作王。

凡得胜的,必这样穿白衣;我也必不从生命册上涂抹他的名,且要在我父面前,和我父众使者面前,认他的名(启3:5)。耶稣会将我们穿上白衣,毫无污点皱纹,呈现在父神面前。身上每一个瑕疵和污点都将被清除。我们会变得完美。得胜者在天上不是陌生者。

得胜的,我要叫他在我 神殿中作柱子,他也必不再从那里出去;我要将我 神的名,和我 神城的名(这城就是从天上,从我 神那里降下来的新耶路撒冷),并我的新名,都写在他上面(启3:12)。想象一下,我们将不再背道,不再游荡在罪的黑暗山岗里。我们将和国王永远在一起。

祂说，我要将我神的名写在他上面。

祂要将祂的名字写在我们上面。这是何等的壮丽？这是值得为之而战的。

据传说，穆罕默德看到大马士革，只见万城空巷，杳无人烟，他说："他们若不为这城而战，那他们为何而战？"人若不为这奖励而战，那他们为何而战？

得胜的，我要赐他在我宝座上与我同坐，就如我得了胜，在我父的宝座上与祂同坐一般（启 3：21）。每当我看着这段话时，我的心常常被融化。荣耀的主降临说："只要你得胜，我就赐你在我的宝座上与我同坐，就像我在我父的宝座上与祂同坐一样。"这难道不值得争斗吗？数不胜数的人为争夺必毁的王冠而战。然而，我们要被置在天使、天使长（Archangel）、撒拉弗（Seraphim）和基路伯（Cherubim）之上。我们将被置在宝座上，永远与祂同在。愿神赐力量给我们每一个人，来打这生命之战，好让我们能与祂一同坐在祂的宝座上。德国皇帝腓特烈三世，甚至在临终前，他都不允许自己的儿子和他同坐王位。当然，他儿子也根本无权让其他人和父亲同坐王位。相反，父神告诉我们，我们将和耶稣基督同为后嗣，我们将在荣耀中与祂同坐。

> 这难道不值得争斗吗？

最后，*得胜的，必承受这些为业，我要作他的 神，他要作我的儿子*（启 21：7）。亲爱的朋友们，这岂不是崇高的呼召吗？我曾经教我主日学的孩子们唱"我要成为天使"，但多年来一直没有再教了。我们将超越天使。我们必将成为神的儿子。我们必将继承一切。你问我的价值如何？我不知道。罗斯柴尔德家族（Rothschilds）[13]的财富多得无法计算。甚至连他们自己也不知道拥有多少百万。我的情况亦如此。我的价值是多少，我连丝毫的概念都没有。因为神没有贫穷的子女。我们若得胜，就必承受万有。

何等的产业！让我们依靠耶稣基督，我们的神、我们的主得胜。

---

[13] 罗斯柴尔德家族（Rothschilds），德国银行世家，是19世纪世界上最富有的家族。参见维基百科。

第四章

悔改

真正悔改的结果

我要请你注意真正的悔改会带来什么。这不仅仅是针对未归正的人而言,因为,我确信教会更需要极大的悔改,才能在世上取得成就。我坚信,低标准的基督徒生活正使许多人继续成为世界的奴仆,被罪所捆绑。当不信神的人看到基督徒尚未悔改时,要期望他们悔改、远离罪是不合常理的。自从我认识基督以来,我悔改的次数比认识基督之前多上千倍。我想绝大多数基督徒都有要悔改的地方。

这个告诫适用于基督徒,适用于我自己,也适用于任何尚未接受基督为救主的人。

真正的悔改会按顺序产生五件事:

1. 知罪。

2. 忏悔。

3. 认罪。

4. 归正。

5. 在世人面前承认耶稣基督。

知罪

一个人若没有深深地知罪，可以确定他还没有真正悔改。经验告诉我，那些对己罪认识很浅的人迟早会回到他们的旧生活。过去的几年里，我的负担越来越重，负担在于如何使自称皈依的人在灵命上有深度、真正的成长，而不在于仅在皈依者增长数字上能招人耳目。如果一个人自称悔改，却没有意识到自己的罪孽深重，就如经上所说那落在石头地上，颗粒无收的种子之一（太 13：5-6）。一遭反对，或第一波的迫害、嘲笑，都会使他们再次沦入世界。

我认为，我们让这么多从未真正知罪，不领悟信徒的一生乃成圣过程的人加入教会，是一个惨痛的错误。罪，在人的心中，今天和以往一样的黑暗。我有时甚至认为罪在今天更黑暗。一个人对罪的认识越深，责任就越大，就越有深深知罪的要求。

威廉・道森 (William Dawson)[14] 曾经讲过一个故事，用来说明灵魂必须是多么谦卑，才能找到平安。

在一次复兴大会上，一个习惯卫理公会（Methodist）教仪的小伙子，回家对他的母亲说："妈妈，约翰某某正经历知罪、寻求平安，可是他今晚寻不到，妈妈。"

"为什么，威廉？"她问。

14　威廉・道森（William Dawson, 1820-1899），加拿大基督教学者、科学家。

悔改

"因为他只是单膝跪地，妈妈，除非他双膝跪地，否则他永远不会得到平安。"

直到我们双膝跪地知罪，直到我们完全谦卑，直到我们对自己没有丝毫希望，我们才能找到救主。

良心、神的话、圣灵引导一个人知罪。这三样都是神所使用的方法。

早在我们有圣经之前，神通过良心来和人交通。当神出现时，亚当和夏娃在伊甸园的树木中躲避，乃是良心所使。在约瑟被卖为奴隶二十年后，他的兄弟们承认自己有罪，也是良心所使。*他们彼此说，"我们在兄弟身上实在有罪，他哀求我们的时候，我们见他心里的愁苦，却不肯听，所以这场苦难临到我们身上"*（创 42：21）。在子女长大到能够理解圣经和神的灵之前，我们必须激发他们的良心。对非信徒而言，良心或指责，或原谅。

> 直到知罪使我们双膝跪地，我们才能找到救主。

良心是植入人心的神圣能力，告诉他所当行的善事。有人曾说，良心乃当亚当和夏娃吃了禁果时诞生；他们的眼睛睁开了，*能知道善恶*（创 3：22）。良心的判断乃是油然而生。对我们的思想、言语和行为，良心或认可、或谴责、或判其对、或判其错。人若违背自己的良心，就必自责。

然而，良心不是一个安全的导向，它通常是在你行事之后，才告诉你错了。良心需要神的介入，因为良心与我们堕落的本性相伴。很多人行了恶事,却未被良心谴责。从前我自己以为应当多方攻击拿撒勒人耶稣的名(徒 26:9)[15]。良心本身需要被教正。

再说,良心常常就像闹钟。起初,良心会唤醒、激发,但随着时间的推移,人习以为常,良心就失去作用。良心是会窒息的。我认为,在基督徒的生命里,我们若不把良心的功用讲清楚,就犯了一个错误。

随着时间的推移,良心被神的律法所取代,而这律法在基督里得到了完全。

现在,大众可以得到圣经,这是神使人知罪的工具。在你犯罪之前,神的话会告诉你何为对、何为错。我们必须在圣灵的引导下学习、接受圣经的教导,这一点至关重要。良心和圣经相比,就如手电筒和天上的太阳相比。

五旬节那天,真理使那些犹太人知罪。彼得,被圣灵充满,宣讲*你们钉在十字架上的这位耶稣,神已经立祂为主为基督*。众人听见这话,觉得扎心,就对彼得和其余的使徒说,*"弟兄们,我们当怎样行?"*(徒 2:36-37)。

最后,圣灵定罪。*他(原注:保惠师)既来了,就要叫世人为罪、为义、为审判:为罪,是因他们不信我*(约 16:8-9)。

我曾经听过已故阿·贾·戈登博士(Dr. A. J. Gordon)[16]对这段话的教导。他说,"某些评论家说,在圣灵降临之

---

15 此处以保罗为例,来指明良心未能阻止保罗归正前的恶行。
16 阿·贾·戈登博士(Dr. A. J. Gordon, 1835-1895)。美国浸礼宗牧师,作家,作曲家,戈登学院(Gordon College)和戈登-康威尔神学院 (Gordon-Conwell Theological Seminary)创始人。参见维基百科。

前，世上没有真正的知罪。我想国外的传教士会不同意这个说法。一个从未听说过基督的非信徒可以对罪深信不疑。请注意，神先赐给良心，然后赐给保惠师。良心为律法见证。保惠师为基督见证。良心带来律法上的知罪。保惠师带来灵里的知罪。良心使知罪乃至定罪。保惠师使知罪转向救恩。祂要叫世人知罪，只因他们不信我。这就是祂要叫世人知罪的罪。此处未说，祂要叫世人因偷窃、撒谎、通奸知罪。圣灵要叫人知罪，是因他们尚未相信耶稣基督。耶稣基督降临世上，使以前不可能的罪成为可能。光明揭开黑暗。唯有白才知有黑。中非的当地人，直到看见白人的脸，从未想到自己的皮肤是黑的。这世上有很多人从未知道自己有罪，直到看见耶稣基督圣洁的面容。

"耶稣基督现在站立在我们和律法之间。祂已为我们成全了律法，承担了律法对我们的所有指控。无论律法对我们有什么指控，祂都已承担。我们要对待的不再是罪的问题，而是如何对待圣子的问题。圣灵降下后，彼得在开始传道时，首件事就是传扬基督。*他既按着　神的定旨、先见，被交与人，你们就借着无法之人的手，把他钉在十字架上杀了*（徒2:23）。此话没有提及任何其他的罪。贯穿彼得教导的是把基督钉在十字架上的罪。当彼得宣讲时，圣灵降下来定他们的罪，他们就呼喊：*我们当怎样行才能得救？*

"我们没有参与钉死基督。那么，我们的罪是什么？同样的罪，惟形式不同。他们因将基督钉十字架而被定罪。

我们被定罪，是因没有信那被钉十字架的基督。他们被定罪是因鄙视、摒弃神的儿子。圣灵定我们为罪，是因我们不信被他们鄙视、摒弃的那一位。殊途同归，实为同罪——即不信基督的罪。"

我参加过的最有影响力的聚会，是让人们顿时安静下来的聚会，似乎有一种无形的力量抓住了他们的良心。我记得，有个人参加了一次聚会。一踏进门，他就觉得神就在那里。顿时，敬畏感降临在他身上，就在那须臾片刻，他知罪、悔改、归正。

忏悔

忏悔是因罪而发自内心深沉的忧伤和羞辱。若无真正的忏悔，人就立刻会旧罪重犯。这是许多基督徒的问题。

一个人也许会生气，如果不痛悔，隔天他又会生气。女儿也许会对她的母亲说刺耳刻薄的话。然后，受良心的困扰，她说："妈妈，对不起。请原谅我。"但是，脾气很快又发作了，只因悔恨虚而不实。丈夫对妻子说尖刻的话。然后，为了安慰他的良心，他去给她买了一束花。可是他不会像个真正的男子汉那样，承认自己的行为是错误的。

> 若无真正的忏悔，人就立刻旧罪重犯。

神要的是痛悔。若无痛悔，就无完全的悔改。耶和华靠近伤心的人，拯救灵性痛悔的人（诗 34: 18）。神啊！忧

悔改

伤痛悔的心，你必不轻看（诗 51: 17）。众多的罪人为其罪遗憾，遗憾不能继续行在罪中；他们的悔改，不是出于忧伤痛悔的心。我认为我们今天不知道如何悔改。

我们要的是一位当代的施洗约翰，在这片土地上四处奔走，疾呼："悔改吧！悔改！"

认罪

真正的痛悔引导我们认罪。我相信，基督徒生命中十有九的问题是基于未能做到这一点。我们尽量隐藏和掩盖自己的罪，却鲜有人承认这点。有人说过："灵魂中隐藏的罪就如身体中存留的子弹。"

你若在生命中未能体验到神的大能，你或许就有隐藏的罪、生命中需要纠正的东西。唱圣诗、参加宗教聚会、祷告、读圣经都无法涂抹这些罪。惟有认罪。如果我自高自大、顽固不化，我就不应该期待神的怜悯、祷告的回应。*掩饰自己过犯的，必不亨通；承认离弃罪过的，必蒙怜恤*（箴 28: 13）。他也许是讲坛上的人，祭坛后的祭司，或坐在宝座上的君王，但是，罪被掩盖会带来后果。六千年来，人一直试图掩盖罪。亚当尝试过，失败了。摩西尝试过——在埋葬被他杀死的埃及人时，但他失败了。*要知道你们的罪必追上你们*（民 32: 23b）。你可以竭尽所能地掩盖你的罪，但是，罪若未能被圣子涂抹，就会不断地浮出表面。人类六千年没做成的事，你我最好放弃尝试。

得胜的生命

认罪有三种方式。所有的罪都是违背神的，必须向祂认罪。有些罪，我不必向地球上的任何人承认。如果罪发生在我和神之间，我会独自在暗室认罪。我甚至不必悄悄地向任何凡人认罪。儿子说：'父亲！我得罪了天，又得罪了你；从今以后，我不配称为你的儿子'（路 15:21）。我向你犯罪，惟独得罪了你，在你眼前行了这恶（诗 51:4）。

然而，如果我对某人做了错事，他知道我对他行了错，我必须不仅要向神也要向那人认错。如果我自高自大不愿向他认错，就根本没有必要去见神。我可以祷告、哀哭，但毫无用处。首先，去向那人认错。然后，去见神，看看祂会多快听到你的声音并赐下平安。所以，你在祭坛上献礼物的时候，若想起弟兄向你怀怨，就把礼物留在坛前，先去同弟兄和好，然后来献礼物（太 5:23-24）。这是圣经所教导的。

还有一类罪，须要公开忏悔。我若被公认为亵渎者、酗酒者、屡教不改的罪人，且我要为自己的罪悔改，我就欠公众一个忏悔。认罪和过犯，一样应该公开。许多人会当着别人的面说某人的坏话，然后私下去找那个人弥补。认罪应是当众忏悔，让知道我过犯的众人都听到。

比起自己来，我们往往太在意他人的认罪。我们若要真正地悔改，就当掏心掏肺地省察自己。当人面对神的镜子时，就发现自身的污秽，和他人相比，有过之无不及。

我们若认自己的罪，　神是信实的，是公义的，必要赦免我们的罪，洗净我们一切的不义（约壹 1:9）。感谢

悔改

神赐福音。你若有罪,就当立定心志忏悔、得饶恕。你和神之间不要有任何掩盖。你要确定有份住进那基督去为你准备的广厦。

归正

认罪导致真正的归正。唯有当前三个步骤完成这后,才有归正。

归正这个词意味着两件事。我们说,当一个人重生时也就归正了。但在圣经中,归正还有不同的含义。

彼得说,*所以你们当悔改归正*(徒 3:19)。修订版读到,*因此当悔改,并转向*。保罗说他没有违背天上的异象,而是向犹太人和外邦人传讲,要他们悔改<u>转向神</u>。

> 你和神之间不要有任何掩盖。

一位老神学家曾经说过:"每个人出生时都背对着神。悔改是改变方向。面向神。"

罪就是背离神。是对神的厌恶、对世界的皈依。真正的悔改意味着归向神、厌恶世界。真正忏悔时,心就会为罪而破碎。真正归正时,心就会从罪中脱离。我们离开旧的生命,从黑暗国度进入光明国度。这很棒,不是吗?

除非我们的悔改有如此的逆转,否则没有多大价值。如果一个人继续行罪,证明他的悔改是毫无气息的。就像船的漏洞不补,光开泵往外排水。所罗门说,*你惩罚他们,……他们若向此处祷告,承认你的名,离开他们的罪*

（和合本：王上 8：35）。若继续行罪，祷告、认罪都是徒劳无功。让我们听从神的呼召，摒弃旧的、邪恶的生活方式。让我们归向主。祂将怜悯我们，赦免我们。

如果你还未转向神，现在立刻就转向。我不赞同归正需要六个月、六周或六个小时的想法。你转个身不要很长时间，对吗？如果你知道你错了，就立刻转向。

认基督为主

如果你归信了，下一步就是公开承认。你若口里认耶稣为主，心里信　神叫他从死里复活，就必得救。因为人心里相信，就可以称义；口里承认，就可以得救（罗 10：9-10）。

认基督为主使真正悔改得以完全。我们这样做乃是我们欠世界，欠基督徒同胞，欠我们自己。祂为救赎我们而死。我们还羞愧、害怕认祂为主？宗教作为一个概念——作为一种教义——世界对其没有什么兴趣，但人们以亲身经历作的见证是有份量的。

我记得，我参加过一些会议，其间真理遭到抵制。人们互相责备，言语苦毒。

有一天，屋里一位最杰出、知名的人站起来说："我要大家知道，我是耶稣基督的门徒。如有人对祂的事工加以谴责，我愿意承担一份责任。"

这番话像电流一样穿过会堂，顿时，祝福降临到他和众人的心灵里。

悔改

当你接受基督时,你必须公开承认。你必须在你的工作场所、家里承认祂。让全世界知道你站在祂一边。

许多人愿意接受基督,但不愿意公开承认。这么说吧,许多人过于警惕狮子和熊。但是,我的朋友们,魔鬼的山岭是由烟雾构成的。他可以把一根稻草扔到你的路上,让它变成一座山。

他说:"你不能向家人承认。你会崩溃的。你也不能告诉同事。他会笑话你的。"

但是,当你接受基督,你就有能力认祂为主。

西部曾有个年轻人,对自己灵魂的救赎沉思许久。一天下午,他在办公室里说,"我要接受耶稣基督为我主和救主。"

他回到家,告诉他的妻子(她是有职称的宗教学教授),他已下决心要事奉基督,并补充说:"今晚吃完晚饭,我要领来宾到客厅,竖起一个家庭祭坛。"

他的妻子说,"你知道来喝茶的有些人是怀疑论者,而且他们比你年长。你不觉得最好等到他们离开后,或者,去厨房和仆人做你的第一次祷告吗?"

年轻人想了想说:"我是第一次请耶稣基督来我家,我要带祂去最好的房间,不是厨房。"

于是他把他的朋友们叫到客厅。众人微微地嘲笑他,但他读经、祷告。此人后来成了美国最高法院的首席大法官[17]。*我不以福音为耻;这福音本是　神的大能,要救一切相信的*(罗 1:16)。

17　这里应指萨蒙·波特兰·蔡斯(Salmon Portland Chase, 1808

得胜的生命

有个年轻人应征入伍,被派到他所属的团。他和十五个年轻士兵同住一个营房。头天晚上,那帮年轻人打牌、赌博,消磨时间。临睡前,这年轻人就跪在地上,祷告。那帮人就咒骂、嘲笑,向他扔靴子。

接下来的几个晚上都是如此。最后,年轻人去告诉随军牧师发生了什么事,并问他该怎么办。

牧师说,"你现在不是在自己家里,你是在军营里,其他人和你一样有权做自己喜欢的事。听你祷告,让他们很恼火。你假如躺在床上默祷,主也听得到。不要把他们惹火了。"

我对畏畏缩缩的基督教深感厌倦。

几个星期下来,牧师都没见到这个年轻人。终于,他见到了他,就问:"对了,你听我的劝告了吗?"

"我听了,有两三个晚上我都照着办。"

"效果如何?"

"这么说吧"年轻人说,"我感到自己像一条被鞭打的猎狗。所以,第三天晚上,我就下床,跪下来祷告。"

"是吗"牧师问,"这样做的效果如何?"

年轻的士兵回答说:"现在,我们每晚都有祷告会。已经有三个人信主归正了,我们正在为余下的人祷告。"

我对畏畏缩缩的基督教深感厌倦。让我们为基督沥尽心血。世界若称我们为傻瓜,就听其自然吧。这只是暂时的。加冕之日即将来临。感谢神赐给我们认基督为主的权柄。

- 1873)。美国第6任首席大法官。参见维基百科。

悔改

真智慧

智慧人必发光，如同天上的光；那使多人归义的，必发光如星，直到永永远远（但 12：3）。

这是一位老者的见证。在他同年代，生活在地球上的任何人，惟独他有着最丰富、最深刻的经历。当他还是个少年人时，他被掳到巴比伦。有些圣经学者认为，被掳时他还不到二十岁。当这个年轻的希伯来人被掳、囚禁时，要是有人说他的名会胜过当时所有的英雄伟人，没有人会相信。相比之下，正是这个年轻的奴隶，令当时所有国家中赫赫有名的将领都黯然失色。五百年来，直到主降生（译者加注），凡史书上有记载的，没有一个人像他那样光辉灿烂。他的名胜过尼布甲尼撒（Nebuchadnezzar）、伯沙撒（Belshazzar）、居鲁士（Cyrus）、大流士（Darius），和当时所有的帝王将相。

我们不知道他何时归正、认识真神，但我认为，我们有充分的理由相信是在先知耶利米的影响下发生的。很显然，有一位真挚、敬畏神的人给他留下了深刻的印象。有人言传身教，教导他如何来侍奉神。

我们听到人们当今谈起工作领域的艰难，就说自己的职位如此如此不寻常。想想但以理事工的场景。他不仅仅是个奴隶，而且还被一个憎恨希伯来人的民族俘虏了。语言陌生。周围都是拜偶像的人。然而，他从一开始就持守神的道，并贯穿整个人生。他将青春的甘露献给神，忠心耿耿，直到走完他的朝圣之旅。

注意，所有给世界留下深刻印记、最光辉的人，都是生活在黑暗时代的人。看看约瑟。他被以实玛利人作为奴隶卖到埃及。然而，正如后来的但以理那样，囚禁中他与神同在。而且自始至终，坚贞不渝。他不因为被卖到异国、置于拜偶像的人中间，而放弃信仰。他站稳了，神就和他一同站立。

看看摩西，他背弃埃及镀金的宫殿，认同自己属于那被鄙视、压迫的民族。如果说有人处在一个非常艰难的处境，那就非摩西莫属。然而，他光芒四射，印证了对神忠心耿耿。

以利亚活着的日子比我们现在的日子要黑暗得多。整个民族都转向崇拜偶像。亚哈王、王后、和整个宫廷都尽其影响力反对敬拜真神。然而，就在那黑暗和邪恶的日子里，以利亚坚定不移，闪闪发光。如今，他的名字在历史书页上脱颖而出。

想想施洗约翰。我曾经慕想生活在那先知的时代，但现在已经放弃了这个想法。可以肯定，当一位先知出现在历史舞台上，一切都是黑暗的，自称是神的教会已经转身为世界的神服务。施洗约翰出现时也是如此。然而，看看他的名字今天是如何的光亮。十八个世纪转眼而去，这位旷野传道者的名声比以往任何时候都更加耀眼。在他活着的日子、世代，他被人轻看，但是，他的名活过他所有的敌人。只要教会还在世上,他的名字就会被尊重,他的事工就会被铭记。

谈到艰难的领域。保罗为神作光,成为第一个向外邦人传福音的传道人。他告诉他们,他所侍奉的神,为了拯救世界,差遣祂的独生子残酷地死去。人们辱骂保罗和他传的教义。当他讲那被钉十字架的那一位时,他们就讥讽、嘲笑他。但他义无反顾、坚持传讲神儿子的福音。在他同时代的达官贵人眼里,保罗不过是一个贫穷可怜的织帐篷工匠。然而,除非那些人碰巧和他有关,无人能记得任何迫害保罗的人的名字。

事实上,所有的人都喜欢成为亮点。我们还不如现在就承认这一点。人们努力爬上商业阶梯的顶端。每个人都想超过自己的邻居,在自己职业里居领先地位。在政界中,一直都是你争我斗谁是最伟大的人。即使在学校里,你也会发现男孩子和女孩子之间的竞争。他们都想在班级里名列前茅。当某个男孩子排位超过其他孩子时,母亲会为此感到非常自豪。她想方设法告诉所有的邻居,约翰尼的表现如何突出、得了哪些奖励。

在军队中,你会发现人人都想超过旁人。每个人都渴望胜过他的战友、成为亮点。这些年轻人急于在比赛中领先对方。我们都有这种渴望。我们喜欢闪耀在别人之上。

然而,真正能在世上大放异彩的,却寥寥无几。年复一年,偶尔会有某个人超过他所有的竞争对手。每四年,我们国家都会进行一场竞选，确定谁将成为美国总统。竞选持续六个月或一年。然而，惟有一人可以获得桂冠。许多人力争这个位子，大多数人都以失望告终，因为仅一个人能获得梦寐以求的荣耀。然而，在神的国度里，即使是最低微、最软弱的人，只要愿意，就可以发光。不仅一个人可以获得奖赏，只要愿意，所有人都可以得奖赏。

在开始的那段经文里，没有说政治家如同神的国那样光辉闪耀。巴比伦的君臣均已作古。甚至连他们的名字都早已被遗忘了。

也没有说贵族会发光。地球上的贵族很快就会被遗忘。约翰·班扬 (John Bunyan)[18]，贝德福德（Bedford）的补锅匠，比他那个时代的所有贵族都活得更久。他们为自己而活，他们的记忆被抹去。班扬为神和灵魂而活，他的名留芳万世。

经文没有跟我们说商家会发光。谁能说出但以理时代的百万富翁的名字？他们的名字在死后几年就被遗忘了。谁是当时强大的征服者？我们可以列举几个。我们知道尼布甲尼撒，然而，是但以理，不是尼布甲尼撒，才是信心的巨人，尽管事实上在以色列历史的同一时期，他们都被神使用[19]。

然而，这位主忠心的先知的故事是何等不同！二十五个世纪过去了，他的名继续光照着，愈来愈光辉灿烂。只

---

18 约翰·班扬 （John Bunyan, 1628-1688）。英国基督教作家、佈道家，著有《天路历程》。参见维基百科。
19 原注：我们确知道尼布甲尼撒，但是，我们知道他是由于他跟先知但以理的关系。

悔改

要神的教会存在，他的名必继续发光。智慧人必发光，如同天上的光；那使多人归义的，必发光如星，直到永永远远（但 12：3）。

属世的荣耀很快就消失了。拿破仑，法国军政领袖，曾经威震大地。有一阵子，他如同大地勇士一样燃烧着光芒。几年过后，曾经不可一世的征服者被流亡关押在一座小岛。他死时，是一个可怜、心碎的囚犯。他今天在哪里？几乎被遗忘。世界上有谁会说拿破仑仍然活在他们心中？

但是，看看这位被鄙视、憎恨的希伯来先知。因他过于正直、虔诚，他们把他扔进狮子坑里。然而，对他的记忆，如今依然鲜活。他的名，因他对神的忠诚而倍受爱戴和尊崇。

多年前，正值世博会的时候，我人在巴黎。当时，拿破仑三世正处于飞黄腾达之时。当他驶过巴黎的街道时，欢呼声此起彼落。短短几年后，他便从势位至尊一落千丈。他被国家驱逐、剥夺王位，亡于流放。今天，他的名字在哪里？鲜有人会想到他。如果提到他的名字，亦非因为爱和尊重。

神让我们在地上发光。

世界的荣耀和骄傲是如此空虚和短暂。我们若有智慧，就会为神和永恒而活。我们要摆脱自我，将世上的名誉、荣耀淡然置之。义人所结的果子，就是生命树；有智慧的必能得人（箴 11：30）。任何人，男男女女、小孩子，若以敬虔生活、成为榜样，能为神赢得一个灵魂，生命就非枉度一生。他们的生命将超越同时代的所有伟人，如同涓涓细流，终将聚汇成永恒中滔滔不绝的一条大河。

神让我们在地上发光。在这里，我们不是为了做生意买卖、积累财富、获得地位。我们若是基督徒，地球就不是我们的家。*我们却是天上的国民，并且等候救主，就是主耶稣基督，从天上降临*（腓 3：20）。神差遣我们来到这个世界，为祂发光，照亮这个黑暗的世界。基督来，要成为世界的光，但世人灭掉了那光。他们把它带到骷髅地，把它淬灭了。

基督升天之前，对门徒说，*你们是世上的光。所以，你们要去使万民作我的门徒*（太 5：14；28：19）。

神呼召我们发光，就像但以理被差派到巴比伦发光一样。任何男士或女士都不能说，因为自己的影响力不如别人，而不能发光。神只要你发挥你所拥有的影响力。但以理起初在巴比伦也许也没太大的影响力，但很快神就多多赐给他，因为他忠心并尽其所有。

记住，在非常黑暗的地方，仅一盏小灯都会起到很大作用。把一支小蜡烛放在一个大房间的中间，烛光就会照亮房间的很多地方。

在大草原地区[20]（prairie regions），晚上聚会是在原木校舍里，在烛光下举行。

来的第一个人，随身带着一条浸过牛油的布条来点燃。

---

[20] 大草原地区（prairie regions）一般是指连接加拿大及美国的特大平原。

悔改

这也许就是他仅有的,但他把它带来,放在桌子上。那火光未能照亮整个房子,但总比没有的好。接着,每个家庭都带来蜡烛。等到人坐满了校舍,满堂烛光融融。所以,只要我们每人都发一点光,就如星星之火可以燎原。这就是神要我们做的。如果我们不能都成为灯塔,那么至少都可以成为一根牛油蜡烛。

有时,一点点光会起很大的作用。芝加哥市起火,起因是一头牛踹倒了一盏油灯,结果有十万人因房子被毁无家可归[21]。不要让撒旦利用你,让你以为,因为你不能做伟大的事情你就什么也做不了。

我们必须记住,我们本就应该发光。经文没有说,你要尽力发光。你不必为了发光而尽力。你仅要做的就是让光自然地发出来。

我记得曾听说有个人在海上晕船晕得很厉害。按我的观点,假如某人觉得他无法为主做任何善工的时候,此刻就是。正当这人晕船晕得厉害的时候,他听说有人落到海里去了。他考虑,他能做些什么来帮忙救这个人。他躺着拿起一盏灯,把它举到舷窗前。结果,溺水的人得救了。当这人晕船过后,他上甲板和那被救的人聊天。那得救的人作了个见证。他说他已经两次沉下去了,当他再伸出手求救时,可以说那是最后一次希望。就在这时,有人在舷窗

---

21 慕迪在这里指的是1871年的芝加哥大火。慕迪所在的教堂也在大火中付之一炬。据说,起火的原因是一头牛把一盏灯笼打翻了。参见维基百科。

边举了灯。那灯光落在他的手上，一个水手看见，抓住了他的手，把他拉上了救生艇。

看似一件小事，但却救了一条命。假如你不能做伟大的事情，你可以为一些贫穷、濒死的醉汉举起光来，也许他们会被基督赢得，从毁灭中被拯救出来。让我们将救恩的火炬带入黑暗的家庭，向人们高举基督为世界的救主。要触及到正在走向灭亡的大众，我们必须与他们同行，和他们一起祈祷，为他们辛劳。如果某人不愿意努力拯救他人，我认为他没有多少基督精神。对那些陷在坑里的人——正是那我们被拯救出来的同一个坑，我们若不伸出手来营救，就是彻底的缺乏恩典。就像自己也是酒精的奴隶，曾被帮助一样，谁能不伸出手来帮助那些酗酒的人？难道你今天不能出去，尝试拯救这些人？如果人人都尽其所能，就必能有所作为。

如果人人都尽其所能，就必能有所作为。

我记得读到有个瞎子，坐在某个大城市的街角，身边放着个灯笼。看到他眼睛失明，有人便问他为什么要个灯笼，因为对瞎子来说，光和黑暗没有区别。

瞎子回答说："我有了它，就免得有人被我绊倒。"

哪里有一人读经，哪里更有百人诵读着你和我。保罗讲的就是这个意思，我们必须是活生生的基督的书信，被众人所知道、所念诵（林后 3：2）。如果我们不以生命来传讲基督，讲道所能做的，在我看来，实在是徒劳的。我们若不以

悔改

圣洁的言行把福音传给人,就不会赢得他们归向基督。比起长篇大论的讲道,一点点的善意对人会产生更大的影响。

有一艘船在伊利湖(Lake Erie)遭遇风暴,船上的人试图将船驶进克利夫兰港(Harbor of Cleveland)。在港口的入口处,有所谓的高灯和低灯作为导航灯。从远处看,港口的断崖上,高处的灯火熊熊燃烧。但是,当船靠近港口时,看不到显示入口的低处导航灯光。领航员认为船应该返回湖中。船长确信,如果船返回湖中,一定会沉没,他督促领航员尽其所能进入港口。领航员说进入港口的希望很小,因为没有导航灯引导。不管怎样,他们还是想尽了一切办法要把船开进港口。船在海浪中上下起伏,最后,他们发现自己被困在海滩上,船被撞成了碎片。有人把低灯给彻底忘了,灯火早已熄灭。

这对我们是警告。神将高处的灯火越燃越旺、光辉耀眼,但祂把我们留在地上,让下面的灯继续燃烧。我们的事工是在这里代表祂,如基督在天父面前代表我们一样。有时我想,假如我们在天上的法庭上的代表,像神在地球上的代表一样差劲,我们进天堂的机会微乎其微。让我们装备自己,点亮灯火,以致其他人能看清道路,不在黑暗中绊倒。

我听到过一个故事,讲的是明尼苏达州有个人,遇上了一场大风雪。冬季里,该州常受到暴风雪的诅咒。暴风雪说来就来,一旦袭来,无人得以逃脱。大雪纷飞,风把雪吹到步行者的脸上，连前方两英尺都看不清。很多人遭遇过这样的风暴，结果死在草原上。

这个人被风暴逮着了，差点就要放弃生命。正当这时，他看到有个小木屋，屋里发出微弱的灯光。他费劲地来到小木屋，那屋子成了暴风雪的安全港。现在，他成了有钱人。他一有能力，就买下了农场，在原小木屋的地方盖了一座漂亮的房子。在房子的一个塔顶上，他安装了一个旋转灯。每天晚上，当暴风雪来临时，他都会把灯点亮，希望藉此可以拯救别人。

这是真正的感恩，正是神要我们所行的。神把我们从罪、死亡的坑里救了出来，让我们时常看看有没有其他人落在坑里，需要我们帮助拯救。

有两名男子，负责一座灯塔里的一盏旋转导航灯。灯塔建在岩石磊磊、暴风雨交加的海岸边上。有一天，不知何故机器出了毛病，灯不会转了。他俩非常担心海上的人会将这灯和其他的灯光搞混了，结果，俩人整夜用手来推动转轮让导航灯不断地转。

让我们把灯光照在该照的地方，这样，世界看到基督教不是虚假的，而是真实的。希腊体育运动中，有一项比赛，是男人们举着火炬跑。他们在坛上点燃火炬，然后拿着火炬跑一定的距离。有的时候，他们骑着马跑。假如一个人跑进场时他的火炬还燃着，就会得到一个奖品。如果他的火炬熄灭了，就得不到奖品。

悔改

很多人到了晚年，就失去了亮光和喜乐。曾几何时，他们在家庭、主日学、教会里灼灼燃烧、光芒四射。但是，世界、或是自我，阻挡在他们和神之间，光就熄灭了。你要是有这样的经历，神会帮助你回到救主爱的祭坛，再次点燃你的火炬。然后，你就可以去到那些有需要的人，让福音之光照亮那些黑暗的家庭。

我们只要带领一个灵魂归向耶稣基督，就会产生一股溪流，甚至在我们死后离开世界，这溪流仍然继续奔流。高高的山腰上有一个小溪。它看起来如此之小，仿佛一头牛一口气就可以喝光。然后，它成了一个溪流，其他的溪流也跑进来。转眼间，它成了一条大溪，然后成了一条宽阔的大河，直奔大海。它的沿岸是众多的城市、镇子和村庄，居住着成千上万的人。两岸处处植被茂盛、生机盎然，商贸沿着雄伟宽广的河道通往遥远的地方。

因此，如果你带领一个人归向基督，那人可能会带领一百人，那一百人带领一千人。所以，这条起初很小的溪流，随着流向永恒，不断地扩大和加深。

> *我听见从天上有声音说："你要写下：从今以后，在主里面而死的人有福了。"圣灵说："是的，他们息了自己的劳苦，作工的果效也随着他们。"*（启 14：13）

圣经中我们读到过许多人，活了很多年，然后就死了。摇篮和坟墓靠得很近。他们活着，然后死去，我们对他们的了解仅此而已。在如今的日子里，你可以在许多自称是基督徒的墓碑上写下他们的出生和死亡日期。中间却如白纸，一片空白。

你无法埋葬一个善人的影响力。它会继续活着。但以理没有被埋葬。他的影响力，今天和以往一样强大。你告诉我，约瑟死了吗？他的影响仍然活着，并将继续活着。你可以埋葬一个善人的躯体，但无法涂抹、除去他的影响和榜样。保罗，从未像今天这样强大。

你告诉我，探访欧洲那么多黑暗监狱的约翰·霍华德[22]（John Howard）已经死了吗？亨利·马丁[23]（Henry Martyn）、威廉·威尔伯福斯[24]（William Wilberforce）或约翰·班扬死了吗？你到南部各州，在那里会发现数百万曾经是奴隶的男男女女。向他们任何一个人提起威尔伯福斯的名字，看看脸色亮起来有多快。威尔伯福斯为自身以外的东西而活，他的记忆将永远活在他为之生活和工作过的人的心中。

让我们为神而活，不断前行，为祂赢得灵魂。

卫斯利[25]（Wesley）或怀特菲尔德[26]（Whitefield）死了吗？这些伟大的福音布道者的名字从来没有像现在这样受

22　约翰·霍华德（John Howard, 1726-1790）。十八世纪英国慈善家、监狱改革家。参见维基百科。
23　亨利·马丁（Henry Martyn, 1781-1872）。英国圣公会牧师、传教士。参见维基百科。
24　威廉·威尔伯福斯（William Wilberforce, 1759-1833）。英国慈善家、废奴主义者。参见维基百科。
25　卫斯利（John Wesley, 1703-1791）。十八世纪英国圣公会牧师、基督教神学家、卫理宗的创始人。参见维基百科。
26　怀特菲尔德（George Whitefield, 1714-1770）。十八世纪英国圣公会牧师、布道家、卫理宗的创始人之一。参见维基百科。

悔改

人尊敬。约翰·诺克斯[27]（John Knox）死了吗？今天你去苏格兰的任何地方，都会感受他的影响力。

这些神的仆人的敌人死了。迫害他们、对他们的名抹黑、撒谎的人死了。但是，这些伟人活得比所有攻击他们的谎言都更久。不仅如此，他们还将在另一个世界闪耀。*智慧人必发光，如同天上的光；那使多人归义的，必发光如星，直到永永远远*（但12：3）。

让我们继续使更多的人归义。让我们杜绝这个世界、它的谎言、快乐、野心。让我们为神而活，不断前行，为祂赢得灵魂。

查尔默斯博士[28]（Dr. Chalmers）说："成千上万的人呼吸、运动、生活，离开生命的舞台，之后就无人提起。为什么？他们和世界上的善无缘，没有人得到他们的祝福；没有人能指出他们是使人得救赎的工具：他们的片言只语，无一是和救赎有关；就这样，他们湮灭了：他们的光消失在黑暗中，如昨天的虫豸，仅此记忆而已。哦，不朽的人那，你会如此度过一生？不要虚度一生。行善事，留下一座美德丰碑，时代的风暴永远无法摧毁。将你的名字，以仁慈、爱和怜悯，写在年复一年你所接触的数千人的心中：你将永远不会被遗忘。不！你的名字，你的事迹，将印在你身后那些人的心上，如夜晚眉间的星星一样清晰可见。善行，如天上的星星一般，熠熠生辉。"

27　约翰·诺克斯（John Knox, 1514-1572）。十六世纪苏格兰基督教加尔文派牧师、加尔文派宗教改革领袖。参见维基百科。

28　查尔默斯（Thomas Chalmers, 1780-1847）。苏格兰牧师、神学教授、政治经济学家。参见维基百科。

第五章

挪亚方舟的教训

一言九鼎

当神说话时,你我都得听进去。说话的不是凡人,而是神。*耶和华对挪亚说:"你和你的全家都要进入方舟"*(创 7: 1)。

也许,有些怀疑论者正读到这里时,会说,"我希望慕迪先生不会是来教方舟这件事。方舟这件事,我以为所有有头脑的人早就对此不屑一顾。"

我没有不屑一顾。我若这样做,就等于摈弃整本圣经。神的儿子在世时,旧约圣经中,几乎没有一处是没有盖上祂的印记的。

有人说,"我不相信洪水的故事。"

基督,把祂自己将再来这个世界和那场洪水联系起来。*挪亚的日子怎样,人子将临也要怎样。当洪水以前的日子,人照常吃喝嫁娶,直到挪亚进方舟的那日;不知不觉洪水来了,把他们全都冲去。人子的来临也要这样*(太 24: 37-39)。

我相信洪水的记载,就如相信《约翰福音》第三章一样。我很可怜那些专对神的话吹毛求疵的人。一旦我们摈弃这些事件中的任何一件，我们就摈弃了神儿子的一分神性。我注意到，当一个人开始对圣经指手划脚，很快他就会把圣经撕成碎片。既然花五分钟就能完事，何必花五年时间来指东划西？

《创世记》七章1节神说话之前一百二十年，挪亚收到从天上到地上有史以来最可怕的信息。直到那时，甚至从那时以后，没有人收到过这样的信息。神说，由于世界的邪恶，祂要用洪水毁灭世界。洪水前世界败坏的程度和性质，我们不知道。圣经以层层叠加的表达方式来强调它的严重程度。耶和华见人在地上罪恶很大，终日所思想的尽都是恶；耶和华就后悔造人在地上，心中忧伤（创6：5-6）。神看着大地，不料，地都败坏了；所有在地上的肉体，思想行事尽是恶。　神就对挪亚说："凡有血气的人，他的尽头已经来到我面前；因为地上满了他们的强暴，我要把他们和地一并毁灭（创6：12-13）。那时的人能活过五百年以上，有的是时间在罪中酿熟。

消息是如何收到的

一百二十年来，神不断地与洪水前的世界文明斗争。神从来都是有言在先，给世人足够的警告。每次挪亚把钉子钉在方舟里，都是对世人的警告。每一锤都回荡着一个声音，"我信神。"世人若如同在尼尼微[29]那样痛悔、哭泣，我相信神

29　参见《约拿书》第三章。

会听到哭声并饶恕他们。但是，无人哭泣求怜悯。我毫不怀疑，他们嘲笑神将要毁灭世界的想法。我可以断定，有些无神论者们甚至说根本就没有神。

我曾经问过一位无神论者："你如何来解释世界的形成？"

"这还用问！力和物质共同作用，偶然的，世界被创造了。"

我说："假如力和物质能以这种方式创造世界，你的舌头不长在你的头顶，岂不是一件奇迹。"

如果，我拿出手表跟你说，力和物质共同作用，然后手表就出来了，你肯定说我是疯子，不是吗？

然而，他们说这个古老的世界是偶然形成的，只是拼凑在一起。

我在苏格兰碰到一个人。他不相信有神。

我问他："你如何解释这些岩石的形成？"（苏格兰有很多岩石。）

他说："干吗问我，哪个男孩子都能解释。"

"好，那第一块石头是怎么形成的？"

"从沙子呗。"

"那第一颗沙子是怎么形成的？"

"从石头呗。"

他说得像绕口令，溜溜转。沙和石，石和沙。我毫不怀疑，挪亚一定有同样类型的人要对付。

然后，是不可知论者。他们相信有一位神，这个世界不是偶然发生的。但他们相信神是如此仁慈、充满怜悯，甚至不会惩罚罪恶。酒鬼、妓女、赌徒、杀人犯、小偷、追求世俗享乐的人，最终都和圣徒一样同享一切。假定，你们州的州长心地善良，不忍让一个人受苦，不忍看到一个人被关进监狱，认为所有的囚犯都应该被释放。他能当州长多久？日落之前，你就会叫他下台。假如州长拒绝将罪犯关进监狱，首先造反的人，恰恰就是这些说神是怜悯的不可知论者。

还有人认为，即使神想毁灭世界，祂也无法成功。要是发大洪水，只要跑到山上躲避就行。那要比挪亚方舟好一百倍。或者，真的到那个时候，还可以造木筏，比方舟要强多了。他们从未见过如此丑陋的东西。

> 有些人断定挪亚一定是错的，因为他是极少数。

长五百英尺，宽八十英尺，高五十英尺。它有三层楼，只有一个很小的窗户。

最后，有些人断定挪亚一定是错的，因为他是极少数。你知道，这是现在很流行的争论点。挪亚绝对是少数。但他继续干自己的。

那时候，要是有酒馆，他们也许会唱粗俗的歌曲来戏弄挪亚和他的方舟。我不怀疑他们是这样做了，因为我们读到当时地上有暴乱；哪里有酒，哪里就有暴乱。我们也读到挪亚种了一个葡萄园，结果自己落入醉酒的罪中。他是一个义人。他都这样做了，其他人还能做什么？要是有剧院，他们会上台表演，来娱乐全族的人。

要是那时候有媒体，记者们肯定会来采访挪亚。美联社每天都会更新方舟的进展情况。

也许他们还安排大家参观，把方舟作为奇葩。要是挪亚碰巧在附近，他们会互相推搡，指指点点，说："那就是挪亚。你不觉得他的眼神很怪吗？"

正如苏格兰人会说，他们觉得他有点傻。感谢神，这一点点疯劲儿，一个人还可以承受。疯子看其他人都是疯子。一个酒鬼喝得倾家荡产，也不会说自己疯了。然而，当一个人进到方舟，得到生命、永恒的拯救，他竟然被称为疯子。

各样的活动都是围绕着挪亚和方舟转。商贩们继续做买卖，挪亚则继续传道、辛苦劳作。

他们中间也许有一些天文学家，望着星星说："别担心。天上没有风暴即将来临的迹象。我们都是非常聪明的人。要是有暴风雨来临，我们看天象就可以知道。"

地质学家们会继续挖掘，说："地上没有任何迹象。"

即使是帮助造方舟的木匠也取笑挪亚。就像今天的许多人一样，他们会帮助建立一座教堂，也许会出钱资助，但自己一步也没有踏进过教堂。

万事如旧。每年春天，小羊羔会在山坡上蹦蹦跳跳。男人们追求财富。要是他们有租约，我估计租期会比我们的更长。对我们来说，九十九年的租期是很长很长了，他们的大概是九百九十九年。来签租约时，他们会说："挪亚那老头说世界将在一百二十年后结束，已经过去二十年了，一切如旧。我就签了，大不了冒个险。"

有人说挪亚一定是聋了，否则，他哪受得了同胞们的嘲弄、盛气凌人的目光。但是，即使挪亚对人的声音充耳不闻，他清楚地听到了神的呼声，告诉他造方舟。

我可以想象，一百年过后，造方舟的工作停止了，人们说："他为什么停止不干了？"

他出去布道，告诉人们即将到来的风暴。他警告人们，除非到方舟里避难，否则神必将每个人从地上扫除。但除了自己的家人，没有人相信他。

有些老人已经离世了。死的时候，他们说："挪亚是错的。"

可怜的挪亚。他一定很难过。我若不是皈依归正者，我想我不会劳苦一百二十年。但挪亚相信神的话，只管一心劳苦。

转眼一百二十年过去了。那年春天，挪亚什么都没有种，因他知道洪水要来了。人们说，"他每隔一年就种一次庄稼。今年，他以为世界将要被毁灭，什么都没有种。"

进方舟

我想象，那是一个万里无云，美丽的早晨。挪亚听到了神的呼唤。他听到了和一百二十年前一样的呼唤。或许，这一百二十年中，神是沉寂的。这声音再次唤醒他的灵魂：*挪亚，你和你的全家都<u>来</u>进入方舟*（创 7：1，KJV）[30]。

"来"这个字在圣经中出现了大约一千九百次。这里，首次意味着救赎。很容易想象，挪亚和他的家人带着所有的家产搬进方舟。

他的邻居可能会说："挪亚，你急什么？你有足够的时间搬进那个古老的方舟。你干嘛着急？那东西连个窗户都没有，你甚至无法往外看暴风雨何时来临。"

但挪亚听到神的呼唤，就顺从了。

他的一些亲戚也许会说："你打算如何处理老宅园？"

挪亚可能会说："我不要了。暴风雨即将来临。世上的财富没有价值。方舟是唯一安全的地方。"我们必须记住，我们看为贵重的财产，很快就会消失。连天地都将燃烧。财产、名誉和地位又值多少钱呢？

当人们早上起来时，令人吃惊的第一件事，是天空中充满了飞鸟。飞鸟们双双飞入方舟。它们来自沙漠、高山、世界各地。这一定是个奇怪的景象。我可以想象人们呼喊着，"伟大的神啊！这是什么意思？"

他们弯腰看地上，看到小昆虫从世界各地双双爬来。然后是牛、各种各样的野兽，一双接一双。邻居们惊呼："这是什么意思？"

他们跑到官长和智者那里——那些人曾告诉他们没有

30　KJV（King James Version），詹姆士王译本《圣经》。

暴风雨来临的迹象，问为什么鸟啊、动物啊、还有爬行动物都被吸引到方舟，像是被一只无形的手牵引着。

官长和智者说："这样吧，我们无法解释，不过，用不着担心。神不会毁灭世界。生意从来没有这么好过。你想，如果神要毁灭世界，祂还会让我们如此繁荣吗？还是没有暴风雨来临的迹象。我们实在不知道是什么让这些昆虫和森林里野兽进到方舟里。我们不明白。这真是很奇怪。不过，没有迹象表明会发生任何事情。星星灿烂，太阳如以往一样的明亮。一切都像往常一样运行。你可以听到孩子们在街上玩耍。男男女女照样继续结婚。"

我可以想象警报慢慢消失，一切都恢复正常。挪亚出来说："门要关了。进来吧，神要毁灭世界。看看动物是怎么来的？传给它们的信息是直接从天上下来的。"然而，人们只是继续嘲笑他。

你知道吗，当一百二十年过去后，神还多给了世界七天的恩典？你从来没注意到这一点？如果在那七天里有悔改，我相信神会听到。但是，没有悔改。

最后一天到了；接着，最后一个小时，最后一分钟，最后一秒。全能的神降临，关上了方舟的门。即非天使亦非人，乃是神亲自关上了那扇门。当屋主起身关上门时，旧世界的厄运就永远被封印了。在那旧世界的荣耀上，太阳最后一次落下。远处传来暴风雨的窃窃细语。雷声隆隆，闪电滚滚。

挪亚方舟的教训

旧世界摇摇欲坠。暴风雨倾盆而出,袭向人们。此时,对他们来说,挪亚的旧方舟比整个世界都值钱。

有些人会对此嗤之以鼻,嘲笑圣经,嘲笑你母亲的神,嘲笑基督徒,但是,当时候降临,对你来说,神话语中的单单一个应许就比这一万个世界都更有价值。

天上的窗户开了,雨如滔滔不绝的喷泉奔涌而下。海水翻腾,大海冲破边界,跃过海堤。河水猛涨。低地的人逃往高山和高地。他们逃上山坡。众人大呼:"挪亚!挪亚!挪亚!让我们进去!"

> 神关上了那扇门。
> 门一关,便无希望。

他们离开家,来到方舟。他们敲打着方舟,喊道:"挪亚!让我们进去!挪亚!可怜可怜我们吧!"

"我是你侄子!"

"我是你侄女!"

"我是你叔叔!"

一个声音从里面喊道:"我想让你进来,但神已经关上了门。我打不开!"

神关上了那扇门。门一关,便无希望。人们哭求怜悯已经太迟了。获得恩典的机会已经结束。最后的时刻已经到来。神曾恳请他们进来。但他们嘲笑这个邀请。他们嘻嘻哈哈,对洪水的警告冷嘲热讽。现在,为时已晚。

无人幸存下来对后人描述,人们在洪水中是如何灭亡的,因为神没有允许。约伯失去家人后,才有报信人来找他。没有信使来自洪水前的世界。甚至挪亚本人也无法看到世界的灭亡。假如可以的话,他会看到男人、女人和孩子们碰撞在方舟上。波浪越来越高,外面的人在不信中灭亡。有些人爬到树上逃生,以为暴风雨很快就会结束。整整四十天四十夜,雨昼夜不停地下。海浪冲来,人们被卷走。掌权者、天文学家、伟人们哀呼怜悯,但为时已晚。他们抵挡了满有怜悯的神。祂曾呼召,但他们拒绝了。祂曾恳请过他们,他们却冷嘲热讽。审判时候到了,怜悯如过眼烟云,已一去不返。

审判

神审判世界的时候会再次来临。我们不知道确切的时间,但它肯定会到来。神的话已经宣告,这个世界将像书卷一样被卷起来,被大火焚烧。你的灵魂将变成什么?这是一个充满爱的呼唤:*挪亚,你和你的全家都来进入方舟*(创 7: 1, KJV)。下雨前二十四小时,挪亚方舟的价值并不比一堆柴火高多少。但在雨开始落下二十四小时后,挪亚方舟的价值超过了整个世界。如果还有人活着,只要能进方舟,人人都愿意付出一切。你也许会背过身去,放声大笑。

你也许说,"如果有选择,我宁愿选择没有基督。"

当时候一到,对你来说,基督的价值将超过一万个这样的世界。你现在就能得到祂。今天就是恩典之日。是怜悯的日子。如果你仔细阅读圣经,就会发现神总是将恩典放在审判前面。恩典是审判的先行者。在挪亚时代,神出于爱来呼召世人。如果世人在那一百二十年里悔改,就会得救。当基督来到耶路撒冷向人们呼求时,那是他们蒙恩的日子。但他们嘲笑、讥讽祂。

祂说,耶路撒冷啊! 耶路撒冷啊! 你常杀害先知,又用石头打死那奉差遣到你这里来的人。我多次愿意聚集你的儿女,好象母鸡把小鸡聚集在翅膀底下,只是你们不愿意(太 23:37)。四十年后,成千上万的人乞求生命可以幸免。超过一百万人在这个城市丧生[31]。

1857 年,一场基督教复兴运动从东部席卷了整个国家,一直延伸到太平洋沿岸。是神呼召整个国家归向祂自己。当时有五十万人加入教会。然后,内战爆发了。1857 年,这个国家接受了圣灵的洗礼,1861 年,我们接受了血的洗礼。怜悯的呼召行在审判前。

你的孩子安全吗?

我所选的经文对基督徒和当父母有特别的应用。这条经文的命令赐给挪亚,不仅仅是为了他的安全,也是为了他家人的安全。我要问每一位父亲和母亲的问题是,"你的孩子在神的方舟里吗?"你可以忽略它,但这确是一个至关重要的问题。你家孩子都在方舟里? 你的孙子都在方舟里? 你要日夜不息地努力,直到你所有的孩子都进到方舟。我相信,我若曾有过一个受诱惑的地方,我的孩子将会有五十个这样

---

[31] 指公元70年,耶路撒冷被罗马帝国攻破,圣殿被毁。

的诱惑。我相信在大城市里,每条街的拐角处都有一个魔鬼的网罗,是为我们的儿女们准备的。我们不应该把时间浪费在积累财富和世俗的东西。我已经尽我所能让我的孩子们进了方舟吗?这才是我们的工作。没有其他出路。

现在,我再问一个问题。假如神呼召挪亚进入方舟时,他的孩子们拒绝与他同行,他有何感受?假如他是非常糟糕的榜样,孩子们根本不信他的话,他有何感受?他也许会说,"我可怜的孩子在山上。我宁愿替他去死。"

大卫为他的儿子哀哭。*我儿押沙龙啊!我儿,我儿押沙龙啊!我恨不得替你死。押沙龙啊!我儿!我儿!*(撒下 18: 33)。然而挪亚爱他的孩子,他们对他充满了信心。

几年前有人寄给我一篇长文。里面包括一篇被注上标记的文章。标题是"所有的孩子都进来了?"文章讲的是,有一位老太太奄奄一息,快死了。她快到一百岁了。她的丈夫坐在她身边,陪她走完最后一程。她几乎连呼吸都没有了。突然间,她苏醒过来,睁开眼睛说:"好黑啊。"

"是的,珍妮特,天黑了。"

"是晚上吗?"

"是的,现在是半夜。"

"孩子们都进来了吗?"

要知道,她最小的孩子都已经死了二十年了。但那天晚上,当她在基督里怀里时,她旧地重游,返回到了过去,问:"所有的孩子都进来了吗?"

他们都进来了吗？问问你自己。约翰进来了吗？詹姆斯进来了吗？还是他沉浸在经商和享乐中？他过着双重人格或不忠实的生活吗？你的孩子在哪里，妈妈？你的儿子和女儿在哪里？你的孩子过得好吗？你能回答说是吗？

我曾担任芝加哥一所主日学校的主管。这所学校有超过一千名的成员和孩子们，大都来自不敬虔的家庭。那些父母们与我作对，周日带孩子们去远足，并尽一切努力阻扰我要做的事工。担任多年的主管以后，我曾经认为，我要是有一天站在台上面对一群听众时，那我只会向父母们讲道。父母才是我讲道的主要目标。尽管俗话说"得羊羔者必得羊"，几年前我就放弃了这个道理。把羊给我，然后就会有人喂小羊。你要让一只小羊归正，可是他有一对不敬虔的父母，那个孩子归正的可能性很小。我们要的是敬虔的家庭。家庭，早在教会之前，就已经建立了。

话虽如此，我完全不同意孩子必须长大才能得重生的想法。有一次，我看到一位女士带着三个女儿在她身边。我走到她跟前，问她是不是基督徒。

"是的，先生。"

然后我问她大女儿是不是基督徒。女孩子的下巴颤抖着，泪水涌上了眼眶。她说："我真希望我是。"

母亲生我的气，说："我不要你和我的孩子谈论这件事。他们不明白。"盛怒之下，她带着她的女儿们冲了出去。

一个女儿十四岁，一个十二岁，一个十岁。母亲认为她们还不够大，不能和她们谈救恩。

让他们漂流到世间去，热衷于世俗的娱乐中，然后看看，要和他们联系沟通有多难。有许多儿子，母亲们现在已经无法和他们交通。他们不允许自己的母亲和他们一起祈祷。她可以为他们祈祷，但他们不会和她一起祈祷、交谈。当他们的心智温柔年轻时，还有可能被引导到基督面前。把他们带进神的国度。让小孩子到我这里来，不要禁止他们；因为在天国的，正是这样的人（太 19: 14）。有没有一位不祷告的父亲在读这段经文？愿神刺透你的灵魂。下定决心，藉着神的帮助，让你的孩子进到神的国度。神的命令首先是给父亲的，如果父亲不承担责任，母亲就应该介入把孩子从沉沦中救出来。他们现在还依赖你，这正是郑重其事挑起这份事工的时候。把神赋予你的影响力向他们发挥。

我想起了两位做父亲的，一位住在密西西比河畔，另一位住在纽约。第一位把他所有的时间都花在积累财富上。他有一个儿子，爱之如珍。一天，男孩子受重伤被带回家里。父亲被告知，这个男孩活不了多长时间。父亲尽他的全力，轻轻地把这消息告诉了儿子。

挪亚方舟的教训

"你说我活不下去了，父亲？那么为我的灵魂祈祷，"男孩说。

那父亲从来没有为他的儿子祈祷过，他只好告诉儿子他不会。没多久，男孩就死了。从那以后，那位父亲说，如果他能把儿子叫回来，能为他做一个简短的祷告，他愿意付出所有的一切。

另一位父亲也有一个男孩，那男孩病了一段时间。有一天，他回到家，发现妻子正在哭泣。她说："我不愿相信，但无法拒绝。这次是命到根头，有去无回了。"

男的说："你要是这么认为，能请告诉他吗？"

母亲说她不忍心告诉儿子。于是，父亲就走进病房，看见儿子正处在死亡的边缘。他对儿子说："我儿啊，你知道你活不了多久吗？"

小家伙抬起头说："没有。我正在经历的是死亡的感觉吗？我今天会死吗？"

"是的，我的儿子。你活不过今天。"

小家伙微笑着说："好吧，父亲，今晚我会和耶稣在一起，不是吗？"

"是的，你将与主共度今夜。"父亲心碎了，啜泣哽咽起来。

小家伙看到父亲的眼泪，说："别为我哭。我会去到耶稣那里，告诉祂，从我记事起，你就为我祷告。"

我有三个孩子。如果神选择从我这里取走他们，比起拥有整个世界的财富,我宁愿我的孩子把这样的信息带给神。父母们,我向神祈祷,我能说些什么话来激励你们,将你们的孩子带入方舟。

第六章

恩典的礼物

我心里柔和谦卑，你们当负我的轭，学我的样式（太 11：29）

谦卑

没有比谦卑更难学的功课了。在世人的学校里没有这门课，只有在基督的学校里有这门课。谦卑，是所有恩典礼物中最稀有的礼物。很少能找到一男或女以温柔谦卑来紧跟主的脚步。我相信，这是耶稣基督在世上时，教给门徒们最难的一课。初初一看，好像祂几乎失败了，没能把它教给和祂日夜相处三年的十二个门徒。

我相信，如果我们足够谦虚，就会得到一个很大的祝福。我认为，这一祝福更多地取决于我们，而不是主。主随时准备赐给福祉，并且免费，但我们并不是能够到位接受。祂必祝福谦卑的人。如果我们能在祂面前跪在尘土中，就不会失望。是耶稣脚前的马利亚，选择了上好的福份（路 10：42）。

得胜的生命

你是否注意到,基督为何要我们向祂学习?祂本可以说:"向我学习,因为我是这个时代最先进的思想家。我创造了无人创造过的奇迹。我以千万种方式展示了我的超自然力量。"但不是这样,祂给出的原因乃是祂内心柔和谦卑(太 11:29)。

我们读到圣经中有三个面容发光的人。这三个人都以温顺谦卑著称。基督的面因祂的变形而发光。摩西在山上四十天后,从与神的相交中走下山来,面上发光。司提反在他死的那天,站在公会面前时,他的脸如天使般发光。我们若希望我们的脸发光,就必须进入谦卑谷,在神面前跪在尘土中。

班扬(Bunyan)说,进到屈辱谷(Valley of Humiliation)[32] 很难。因为下行之路陡峭崎岖。但是,当我们到达山谷后,那是非常富有、肥沃和美丽的地方。我想没有人会对此提出异议。几乎每个人,即使是不敬虔的人,都爱慕温柔。

有人问奥古斯丁(Augustine),基督徒最重要的品质是什么。他说:"谦卑。"问他第二个是什么,他回答说:"谦卑。"问他第三个,他说:"谦卑。"我认为,如果我们谦虚,就会拥有所有的美德。

几年前,我见到了所谓的含羞草。我碰巧对它吹了一口气,它突然就低下头来。我碰了它一下,它就萎缩了。谦卑就是如含羞草那般敏感。它不能拿出来展览。一个自吹自捧,自以为谦卑能走近主的人,是自欺欺人。谦卑不是

---

32 参见班扬所著《天路历程》。

贬低自己，而是根本不考虑自己。摩西没想到他的脸会发光。如果谦卑自我表白，谦卑也就不存在了。

有人说，草就是这种卑微品质的例证。草的创造是为了最卑微的服务。割掉它，它又会长起来。牛以它为食，然而它又是多么美丽。

暴雨阵阵落在山峰顶上，山顶却常常荒秃，因为，水直接流到山下的草甸、峡谷里，使低洼处变得肥沃。如果一个人骄傲自高，恩典的河流可能会跳过他，使他变得贫瘠、不结果子。然而，神的恩典却给卑微的人带来祝福。

> 如果谦卑自我表白，谦卑也就不存在了。

一个人可以仿效爱、信心、盼望和其他的美德。但要仿效谦卑是非常困难的。虚假的、或非真实的谦卑很容易暴露出来。

东方有个谚语，等稗子和麦子长出来，才能看出神赐福给谁。神赐福的麦穗垂下头，粒粒皆收。越是果实累累，穗子的头就越下垂。稗子，神作为诅咒而降下的，昂首挺胸，高过麦子，但结出的唯一果实是邪恶。

我的农场里有一棵梨树，非常漂亮。它是我家最漂亮的树之一。每根树枝都欣欣直上向着光，像蜡烛一样挺立，但我从来没有从它那里得到过果子。我还有一棵树，去年结了这么多果子，树枝几乎都垂到了地面。只要我们降得足够卑微，神就会使用我们每一个人来荣耀祂。

飞得最高的云雀，在最低处筑巢。歌声那么甜美的夜莺，惟当万物静止时，在树荫下歌唱。结果实最多的树枝，垂得最低。载货最多的船，沉入水中最深。结出最多果子的基督徒，是最谦卑的基督徒。

几年前，《伦敦时报》登了一个故事，关于有一份请愿书被散发出去，要大家来签名。当时，正值举国激动的时刻，请愿书旨在对上议院产生巨大影响。但是，请愿书少了一个字。它不是读作"我们谦卑地恳求你"，而是读作"我们恳求你"。结果请愿失败。我们若要向天上的神求助，就必须谦卑自己。我们在主面前谦卑自己，就必不失望。

当我研究圣经中那些谦卑人物的一生，我感到很自责。我请你为我祈祷，让我能够谦卑。当我把我的一生和其中一些圣经人物的一生摆在一起，再来审视我的生命时，我说，我对现今的基督教感到羞愧。如果你想对自己有更好的认识，看看圣经中那些满是温柔谦卑的人物，注意他们与你在神和人面前的地位的对比。

历史上最温顺的人之一，是施洗约翰。还记得，他们问他是不是以利亚，是这个先知，还是那个先知？

他说，"不是。"

他本可以讲一些吹捧自己的话。他可以说："我是老祭司撒迦利亚的儿子。你没听说我传道者的名声吗？我施洗的人数比任何在世的人都多。像我这样的传道者旷世未有。"

老实说，我相信今天大多数人，若处于他的位置，都会这样做。前些日子，我在火车上，听到一个人说话声音特大，全车箱的人都能听到。他自称他所施洗的人数,比他教派中的任何人都多。他吹嘘自己走了多少万里路,讲了多少道,举办了多少场露天崇拜。他不停地说,直到我羞愧地把头藏起来。这是一个自夸自大的时代。这是伟大的"我"的日子。

我最近才意识到,在所有的诗篇中,你找不到大卫提到他战胜巨人歌利亚的地方。如果大卫活在今天,就会立即写出一整本书。我相信,会有很多诗歌,来讲述他所做的伟事。他会被到处邀请演讲,还会在他的名字前加上一个头衔,比如 G.G.K.,"伟大的巨人杀手"(G.G.K. - Great Giant Killer)。当今的风气就是这样。我们有伟大的布道者、伟大的传教士、伟大的神学家、和伟大的主教,如此等等。

"约翰,"他们问道,"那你是谁?"

"我谁也不是。我要让人听到而不是看到。我仅是一个呼声而已。"

他只字不提自己。

我曾经听到一只小鸟,在我身边发出微弱的歌声。但当它消失在视线之外时,它的音符更加甜美。它飞得越高,歌声就越甜美。如果我们能不注目自己,仅向那位温柔谦卑的主学习,我们将被提升到天国。

马可告诉我们,施洗约翰来传道:有一位在我以后来的,能力比我更大,我就是弯腰给他的解鞋带也是不配的(可 1: 7)。想想这句经文。记住,基督被视为一个骗子、一介乡村木匠。然而,此处是施洗约翰,一位老祭司的儿子。

在世人的眼中，施洗约翰的地位比耶稣高得多。大批的人来听他讲道，甚至连希律也听他讲话[33]。

当施洗约翰的门徒前来告诉说，基督开始吸引大批人时，施洗约翰以谦卑的态度回应。约翰说："若不是从天上赐的，人就不能得什么。我曾说：'我不是基督，是奉差遣在他前面的。'你们自己可以给我作见证人。娶新妇的就是新郎；新郎的朋友站着，听见新郎的声音就甚喜乐；故此，我这喜乐满足了。他必兴旺，我必衰微。"（约 3：27-30）

这经文念起来很容易，要我们以其力量活出来，却很难。很难使我们乐意谦卑下来，越来越衰微，使基督兴旺。太阳冉冉升起时，晨星才会渐渐消失。

> 从天上来的是在万有之上；从地上来的是属乎地的，他所说的也是属乎地的。从天上来的是在万有之上。他将所见所闻的见证出来，没有人领受他的见证。那领受祂见证的，就印上印，证明 神是真的。 神所差来的，就说 神的话；因为 神赐圣灵给他，是没有限量的。（约 3：31-34）

现在，让我们审察自己。我们一直在衰微吗？与一年前相比，我们是否减少对自己、自己的地位的关注？是否正在追求某种高位？是否想捞到某个头衔，但因为没有得到自

---

33 有关施洗约翰和希律的故事，见《马可福音》第六章，《马太福音》第十四章。

认应得的尊重而被冒犯？前些日子，我听到某人站在讲坛上说，如果大家不以他的头衔称呼他，这对他是冒犯。你也会这样？你认为你必须有一个头衔，并且必须以头衔来称呼你，否则就会被得罪？施洗约翰不要任何头衔。当我们与神和好时，我们不会在意头衔。保罗，在他的事工初期，称自己为使徒中最小的（林前 15：9）。后来，他称自己是众圣徒中最小的（弗 3：8）。再来看看，就在他死前，他卑微地宣称他是罪人之魁首（提前 1：15）。注意到了没有，他对自己的估价，似乎越来越卑微。约翰也是如此。我希望，我祈祷，随着时间的推移，我们必衰微，祂必兴旺，让神拥有所有的尊荣和荣耀。

慕安得烈（Andrew Murray）[34]说："当我回顾自己的宗教经历，或环顾世界上的基督教会时，我惊讶地发现，很少有人把谦卑作为耶稣门徒身份的杰出特征来追求。这表现在无论是讲道、生活中，家庭、社会的日常交往中，与基督徒的特别团契，为基督事工的指导、表现中。有大量证据表明，谦卑，没有得到尊重，作为基本的美德，是恩典得以增长的唯一根源，也是与耶稣真正相交的一个不可缺少的条件。"

> 与一年前相比，我们是否减少对自己、自己的地位的关注？

看看基督对施洗约翰的评价。约翰是点着的明灯

---

[34] 慕安得烈（Andrew Murray, 1828-1917），南非基督教牧师，作家。参见维基百科。

（约 5: 35）。基督把本属于施洗约翰的尊荣赐给了他。你若采取谦卑的立场，基督会看到。你若要神帮助你，就应卑微。

我担心，如果我们站在施洗约翰的位置上，许多人会说："基督怎么说？说我是点着的明灯？"然后，会在报纸上发表声明，把复印件发送给朋友，把基督说的话划上圈圈。有的时候，我会收到一个信封，信是某人寄来的，信封里面塞满了报纸的剪报，说他是多么的有口才。关键无非是那个人要我给他搞到一座教堂。你认为，有那样口才的人会需要找教会吗？不对吧！应该是教会都会去找他。

这难道不是很尴尬吗？有时我想，当今，能有任何人皈依归正，那简直就是一个奇迹。让别人夸奖你。不要自吹自擂。如果，要让神把我们举起来，那就让我们卑微下来吧。我们越卑微，神就会把我们举得越高。基督对施洗约翰的称颂是：*凡妇人所生的，没有一个兴起来大过施洗约翰的*（太 11: 11）。

有一个故事，讲的是威廉·克里（William Carey）[35]，伟大的传教士，受印度总督的邀请，去参加一个晚宴。出席宴会的，还有一些是属于贵族阶层的军官。这些军官看不起传教士，常常以轻蔑藐视的态度对待他们。

其中一位军官在宴会桌上说："我相信，克里在传教士之前，是个造鞋匠，不是吗？"

---

[35] 威廉·克里（William Carey, 1761-1834），英国宣教士，浸信会牧师，被誉為"近代宣教士之父"。参见维基百科。

克里先生开口说道,"哦不,我只是个补鞋匠。我只能补鞋。"他并不以此为耻。

基督一个突出的美德,和祂的顺服紧靠在一切的,是祂的谦卑。甚至,祂的顺服也是出于谦卑。他本有 神的形象,不以自己与 神同等为强夺的;反倒虚己,取了奴仆的形象,成为人的样式;既有人的样子,就自己卑微,存心顺服,以至于死,且死在十字架上(腓2:6-8)。在祂卑微的出生中,祂对地上的父母的顺服,祂三十年和天上的割离,祂和穷人和被鄙视的人为伍,祂对天父完全的顺服和依靠,都是因为谦卑这一美德,而这一美德最终以死在十字架上来成全、彰显。

有一天,耶稣在前往迦百农的路上,和门徒谈起祂即将到来的死亡、受苦、和祂的复活。祂听到身后门徒一阵激烈的争论。当祂进到迦百农一所房子时,转身对门徒说:"你们在讨论什么?"

我可以想象,约翰看着雅各,彼得看着安德列,他们都很羞愧。"谁将是更大的?"如此的争论,危害了一个又一个的政党,一个接一个的社会。

为了教导门徒谦卑,基督在他们中间放了一个小孩子,并说,凡为我的名接待这小孩子的,就是接待我;凡接待我的,就是接待那差我来的。你们中间最小的,他便为大(路9:48)。

对我来说,耶稣基督一生中最伤心的事之一,就是恰在祂被钉十字架之前,祂的门徒争论谁应该是最伟大的。同一天晚上,祂设立了最后的晚餐,他们一起过逾越节。这是祂在世上的最后一晚。门徒们从未见过祂如此悲伤。祂知道,犹大会以三十块银子出卖祂,而彼得会不认祂。不仅如此,正当十字架的阴影即将来临,门徒们居然兴起了一阵争吵,争吵关于谁应该是最大的。祂拿了一条毛巾,像仆人一样束腰。然后,拿了一盆水,弯下腰给众门徒洗脚。这又是一堂谦卑的实际课程。*你们称呼我夫子,称呼我主,你们说得不错,我本来是。我是你们的主,你们的夫子,尚且洗了你们的脚,你们也应当彼此洗脚*(约 13: 13-14)。

当圣灵降临时,这些人都被圣灵充满。那一刻标志着天差地异的变化。马太拿起笔来写书,但却把他本人放在默默无闻的地位。他讲述了彼得和安德列的所作所为,却称自己为"税吏"。他讲述了他们如何放弃一切来跟随基督,但没有提到他为主摆设的宴席[36]。

耶柔米(Jerome)[37]说,马可的福音书应被视为彼得的回忆录,且经彼得的授权出版。然而,我们发现书中经常提到的,是对彼得名誉有损的事,而只字未提他的功劳。马可福音没有提到彼得在海上行走的信心,但详细讲述了他跌倒、否认主的故事。彼得降卑自己,升高他人。

如果路加福音是在今天写的,就会有伟大的路加博士

---

36 马太没有在《马太福音》中提到他为主摆设宴席,而是路加在《路加福音》第五章提到此事。

37 耶柔米(Jerome, 342-420),古代西方教会的圣经学者,教父。最早完成圣经拉丁文译本。参见维基百科。

的签名，他的像片会出现在封面上。但是，在整本福音书中，你甚至无法找到路加的名字。他不显露自己。路加写了两本书，两本书都没有他的名字。

约翰把自己藏在"耶稣所爱的门徒"这个词下。历史上公认的四福音书的作者中，没有一人在其著作中声称自己是作者。我希望我有同样的精神，可以隐藏自己，脱离公众的视线。

我相信，我们唯一的希望就是被基督的灵充满。我的祷告，是神会让我们充满温柔和谦卑。让我们信奉赞美诗"哦，我愿成为无有"（"O, To Be Nothing, Nothing"），让它成为我们心中的语言。这首诗充满主的精神，因祂说，*子凭着自己不能作什么*（约 5：19）。

> *我希望我有同样的精神，可以隐藏自己，脱离公众的视线。*

> 哦！愿我为无有，
> 　　惟有祂脚前守候；
> 愿我器皿破碎倒空，
> 　　好适合我主来使用。
> 倒空，使祂充满我衷，
> 　　使我出去作祂圣工；
> 破碎，使祂不受拦阻，
> 　　使祂生命从我流出。[38]

---

[38] 选自圣诗《哦，我愿成为无有》，作者：吉奥尔佳娜·泰勒（Georgiana

有一次，一位先生来找我，问我基督的哪个应许是最宝贵的。我花了一些时间找答案，但最终放弃。我发现，我无法回答他的问题。就像有一大群孩子的一位父亲，他无法告诉别人，他最喜欢哪个孩子。因为，他爱所有的孩子。即使谦卑不是最珍贵的，也足以是最甜蜜的应许之一。凡劳苦重担的人，可以到我这里来，我就使你们得安息。我心里柔和谦卑，你们当负我的轭，学我的样式，这样，你们心里就必得享安息。因为我的轭是容易的，我的担子是轻省的（太 11：28-30）。

有许多人认为应许不会兑现。然而，在我们看来，有些应许已经兑现，而且完完全全地相信它们是真实的。重要的，是要记住，不是所有的应许都是无条件的赐给。应许，有些是附带条件的，有些不附带条件。例如，经上说，我若心里注重罪孽，主必不听（诗 66：18）。我若仍热衷于一些明知的罪，哪怕祈祷也无济于事。祂不会听到我的声音，更不会回应我。

因为耶和华　神是日头，是盾牌，要赐下恩惠和荣耀。祂未尚留下一样好处，不给那些行动正直的人（诗 84：11）。除非我行事正直，否则与此应许无缘。

有些应许是对个人或国家作出的。例如，神应许亚伯拉罕的后裔繁衍，多如天上的星星。这不是对你我的应许。有些应许是对犹太人作出的，不适用于外邦人。

然后是无条件的应许。祂应许亚当和夏娃，祂会派遣

M. Taylor, 1847-1915)

一位救主[39]。任何力量都无法阻挡，在指定的时间，基督的到来。当基督离开世上时，祂应许要赐给我们圣灵。祂才离开地上十天，圣灵就降临了。你直接翻阅圣经，就会发现有些应许是有条件的，有些是没有条件的。我们若不遵守那些条件，就不能期望应许得以实现。

最终，我相信，地球上的每个人都将见证：若遵循主的旨意，主就将完完全全地成就圣经的应许。约书亚，古代希伯来英雄，就是一个例证。他在埃及的砖窑试练四十年，旷野四十年，应许之地三十年。尽管如此，他的临终见证是：*耶和华你们的 神所应许赐福与你们的话，没有一句落空，都应验在你们身上了*（书 23：14）。我相信，哪怕掀起大海都比要神违背祂的应许更容易。因此，当我们遇到一个像现在正摆在我们面前的应许时，我们不能轻易拒绝它。*凡劳苦重担的人，可以到我这里来，我就使你们得安息*（太 11：28）。

你也许认为，这段熟悉的经文段落，没有什么新东西可以学习。当我拿起一本相册时，我不在乎照片是否是新的，我在乎的是我是否认识这些面孔。这些古老的、著名的经文也是如此。以前它们如甘泉让我们解渴，如今泉水依然涌涌而出，滋润我们的心田。

如果你鉴察人心，就会发现什么是真正的人心所望。真正的人心所望，就是安息。当今世界的哀呼是："哪里可以找到安息？"为了安息，整个社会花费了大量的时间、

---

[39] 神对亚当和夏娃的应许，见《创世记》第三章。

精力和金钱，建造各种娱乐场所。为什么周日开车出游、酒吧、餐馆，有如此的吸引力？有些人认为追求这些东西是为了安息喜乐，还有人认为能在财富中找到安息，而另一些人则认为会在文学中找到安息。他们热切地寻求安息，却找不到安息。

安息何处觅？

如果我想找一个有安息的人，不会是那些非常有钱的人。我们在《路加福音》第 12 章读到，那人以为增加财产能得安息，但以失望告终。*然后要对我的灵魂说：灵魂哪！你有许多财物积存，可作多年的费用；只管安安逸逸地吃喝玩乐吧*（路 12：19）。我敢说，在这个浩大世界上，尚无一人企图以这种方式来寻找安息而获得成功。

金钱买不到安息。安息，若如股票和股份一样可以购买，很多百万富翁会很乐意支付数百万美元。相对这个世界来说，神所造灵魂的渴望还更大一些。我们可以拥有整个世界，但虚空依然存在。得财不易，守财更难。

当今世界的哀呼是：
"哪里可以找到安息？"

寻求快乐的人也照样得不到安息。他们每天沉迷于几个小时的享受中。隔天之后，就有足够的悲伤来抵消。今日，他们喝下快乐之杯，明日，会来一杯痛苦。

为寻求安息，我绝对不会去到政客，或者所谓的伟人中间。国会，是这世上我要去的最后一个地方。众议院的人，想升参议院。参议院的，想进入内阁。然后，就想进白宫。在<u>那里</u>，永远找不到安息。

我也不会走进读书的殿堂。*读书多，身体疲倦*（传 12：12）。我不会去上流社会寻求，因为他们不停地追逐时尚。你有没有注意到他们在公共场合的烦恼面孔？脸是心灵的窗口。他们没有希望的样子。他们如奴隶般的崇拜享乐。所罗门尝试享乐，得到却是苦涩的失望。最后，发出了痛苦的呼喊，*凡事都是虚空*（传 1：2）。

罪中没有安息。恶人对此一无所知。圣经告诉我们，*惟独恶人，好像翻腾的海，不得平静；其中的水，常涌出污秽和淤泥来*（赛 57：20）。你也许曾经在风平浪静的海上。海水看起来清澈见底，大海仿佛静止了。但是，你仔细观察，就会看到海面下的急流；平静只是表面上的。人，如大海，无休无止。自从亚当堕落后，人就得不到安息。惟独当人再次回归神，基督的光照进心里，才能得安息。

世上找不到安息，但是，感谢神，世界却无法从信徒的心中夺走安息。罪是一切愁苦不安的根源。它给这个世界带来了艰熬、劳苦和苦难。

现在来点积极的。对于一个听过耶稣的柔声细语，并将重担放在十字架上的人来说，就有安息，甜美的安息。千千万万的人可以见证这个祝福。他们可以如实说：

我听耶稣柔声说，
　"来，就我得安息；

> 身心疲倦困乏的人,
>
> > 靠首在我怀里。"
>
> 我本劳苦疲倦忧愁,
>
> > 我既前来归主;
>
> 在主怀里我得安息
>
> > 祂使我心欢喜。[40]

在他所有的著作中,圣奥古斯丁(Saint Augustine)讲过的最甜美的话无过于此,"神啊,你造我们是为了你,我们的心不安宁,直到安息在你怀中。"[41]

你知道,四千年来,没有任何先知、祭司、或族长站起来,像耶稣这样说话吗?摩西若说出这样话,就是亵渎神的。当他不讨主喜悦时,你认为他有安息吗?你认为,当以利亚在罗腾树下,祈祷求死时,会说出这样的话?

这是最有力的证据之一,即耶稣基督不仅是人,也是神。祂是道成肉身,这是上天的宣告:*到我这里来,……我会使你们得安息*。祂带来从天而来的安息。

如果这段文字不是真实的,你难道不认为,我们早就已经发现了吗?我相信它,就像我相信我自己的存在一样。为什么?因为我不仅在神的话语中,也在我自己的经历中体会到它的真实。基督从未违背祂的应许,也永远不会。

我感谢神在那段话中的**使**这一字。祂不是卖安息给我

---

40 原注:摘自圣诗"我听耶稣柔声说"(I Heard the Voice of Jesus Say)。译者注:中文翻译采自《教会圣诗》39首。

41 出自圣奥古斯丁《忏悔录》(Confessions)。

们。我们中的一些人太穷了，如果是出售安息的话，我们就买不起。感谢神，我们可以白白地得到。

我喜欢这样的文字，因为它与我们所有人都息息相关。*凡劳苦重担的人，到我这里来*。这不意味着有选择性的，仅仅是少数淑女绅士而已。也不意味着，仅仅是善人而已。它适用于圣人和罪人。医院是为病人服务的，而不是为健康人服务的。基督不会当着任何人的面拒绝，说："我不是对所有人说的。我只是对某些人说的。"如果你不能以圣人的身份来，那就以罪人的身份来。只要来即可。

一位女士曾经告诉我，她心太硬，不能来到主那里。

"听明白了，"我说，"祂没有说你们这些心温柔的人都来。黑色的心，邪恶的心，坚硬的心，柔软的心，所有的心都来。除了祂以外，还有谁能使你刚硬的心变温柔呢？"

心越是刚硬，越需要来到主那里。如果我的手表停了，我不会把它拿到药店或铁匠铺去修理。我把它拿到钟表匠那里去修理。因此，如果内心出了问题，就将内心带到守护者基督那里，将其纠正过来。如果你是一个罪人，你就有资格得到应许。你应当尽力从中获得所有的益处。

也有许多信徒认为，这段经文仅适用于罪人。事实上，这经文对他们也同样至关紧要。今天，我们看到的是什么？教会，基督徒，都充满了忧虑和烦恼。*凡劳苦重担的人，到我这里来*。所有的人！我相信，这也包括内心悲不自胜的基督徒。主，要你到祂这里来。

得胜的生命

担负重担的基督

所以你们要自卑，服在　神大能的手下，到了时候，祂必叫你升高。你们要将一切的忧虑卸给　神因为他顾念你们（彼前 5：6-7）。如果众信徒明白这一点，教会就会得胜。可惜他们从未有过这样的领悟。他们认同基督是承担罪的，但没有意识到祂也是承当重担的主。祂诚然担当我们的忧患，背负我们的痛苦（赛 53：4）。神的每一个儿女的权柄，是当行走在万里无云的阳光下。

> 我们要从地球上根除这种愁眉苦脸的基督教。

有些人愿意回到过去，捡起所有的愁苦烦恼。然后，当他们望着将来，想到的只是会遇到更多的麻烦。他们一生都在挣扎中蹒跚而行。

每次与他们互动时，都会让你打寒颤。他们呜呜咽咽，告诉你他们经历了多少艰难。我相信，他们随身带着愁苦烦恼，装在屁股袋里，一有机会就把它们掏出来。

主说："把所有的劳苦愁烦都卸给我。我要背负你的重担和忧患。"我们要的是一个喜乐的教会，唯拥有它，我们才能改变世界。我们要从地球上根除这种愁眉苦脸的基督教。

举那些带有很大负担来聚会的人为例。假如你能保持他们的注意力，他们会说，"哇，这简直太好了！我忘记了所有的愁烦。"那是因为他们把包袱丢在了长椅的尽头。但是，当闭会祝福刚刚开始的那一刻，他们就再次捡起包袱。你笑吧，但你自己也是如此。把你的忧虑放在主的身上。

有时候，这些人会走进内舍，关起门来祷告。他们一时心神荡漾，精神昂扬，忘记了自己的愁烦，但一站起身来，就又把愁烦捡起来了。放下你的悲伤。把你所有的忧虑都交给主。假如你不能以圣徒的身份来到基督面前，那就以罪人的身份来吧。但是，你若是一个圣徒，有些劳苦愁烦，也要把它卸给神。圣徒和罪人，来吧。神要的是所有的人。不要让撒旦欺骗你、让你相信，即使你愿意，因你罪孽过重，也不能来到神这里。基督说，*然而，你们不肯到我这里来得生命*（约 5：40）。

我们在欧洲开布道会时，有个人说他想来到主面前，但他被罪捆绑住了，不敢前来。

一个苏格兰老乡对他说："伙计，你为什么不能带着锁链来？"

他说："我还真没想到过。"

你常生气、容易激怒吗？你在家里制造不愉快吗？来到基督面前，求祂帮助你。不管你的罪是什么，把罪带到祂面前。

"来"为何意？

你说，"慕迪先生，我希望你能告诉我们，'来'是什么意思。"我已经不打祘解释了。我总是觉得，人们看着我，好像我是在说外国话。

"来"最好的定义就是——来。你越是试图解释，人们就越困惑。母亲教孩子的第一件事就是看。她把婴儿抱到窗前说："看，爸爸回来了！"

然后，她教孩子"过来"。她将小孩子靠在小椅子上，然后说："来！"果然，那个小东西把椅子推向妈妈。这就是"来"。你不用上大学来学习如何来。你不需要任何牧师来告诉你，"来"是什么意思。你会来信靠基督吗？祂说，到我这里来的，我总不丢弃他（约6：37）。

当我们有这样的应许时，当紧紧地抓住它，永不放弃。基督不是在呲笑我们。祂要我们带着所有的罪孽和背道行为，来投身于祂慈爱的怀抱。神不只是想要我们的眼泪，祂要我们把罪带到祂面前。单靠眼泪是没有用的。不能光靠主观意志来到神那里。必须要有行动。有多少次，我们在教堂里说，"我会改过自新。"但是，星期一的境况比星期六更糟糕。

> 通往天堂的路就是十字架的路。不要试图绕过它。

通往天堂的路就是十字架的路。不要试图绕过它。你知道《马太福音》十一章所指的轭是什么吗？是基督徒必须背负的十字架。在这个黑暗的世界里，你能找到安息的唯一方法就是背负起基督的轭。我不知道你的情况还要包括什么；除了接受你的基督徒职责，承认基督，行为像祂的门徒之外。也许是建立家庭祭坛，告诉不敬虔的丈夫你已经下定决心要事奉神，或者告诉你的父母你想成为一名基督徒。遵从神的旨意,幸福、平安、安息就会到来。顺服之道,永远是祝福之道。

一个星期天下午,我在芝加哥布道,大厅里坐满了妇女。布道会结束后,一位女士来找我,说她想接受基督。经过一番交谈后,她回家了。整整一个星期,我都在人群里找她;但是,直到下一个星期天下午,我才见到她。她来到我面前坐下,神情看上去就像失去了她最要好的朋友。她似乎陷入了痛苦,而不是主的喜乐。

布道会结束后,我去找她,问她出了什么问题。

她说:"哦,慕迪先生,这是我一生中最惨的一周。"

我问她是否有人跟她有怨隙,而且她无法原谅那人。

她说:"没有,我不知道有人跟我过不去。"

"那好,那你有没有告诉你朋友,你找到了救主?"

"我没有。整个星期我都努力不让他们知道。"

"原来如此"我说,"这就是你没有平安的原因。"

她想拿冠冕,但不想要十字架。我的朋友们,你们必须走骷髅地的路。你若要得安息,就必须在十字架脚下得安息。

她说:"我要是回家,告诉我那不信的丈夫,我找到了基督,我不知道他会做出什么事。我想他会把我踢出家门。"

我说:"如果发生这种情况,那你就离开。"

她走时答应会告诉她丈夫。她看起来很胆怯、脸色苍白,但她决心要得平安,不想再过一周凄惨的日子。

第二天晚上,我做了一次演讲,这次是专讲给男士们听的。大厅内,有八千多男士,单单的仅有一位女士。当我讲完后,过渡到问答时间时,我发现这位女士和她的丈夫在一起。她把她丈夫介绍给我。他是一名医生,还是一位颇有影响力的人。

她说:"他想成为基督徒。"

我拿起我的圣经,告诉他有关基督的一切,他就接受了祂。事后,我对她说:"结果和你想象的完全不同,不是吗?"

"是的,"她回答。"我这辈子从来没有这么害怕过。我原以为他会做出一些可怕的事情,但结果却是如此的好。"

她接受神的道,获得了安息。

我想对年轻女士们说,你也许有一个不敬虔的父亲或母亲,或者持怀疑态度的兄弟——正在用酒精摧毁他的生活。除了你之外,或许没有人能接触到他们。很多时候,一位敬虔、纯洁的年轻女士,能将光明带进某个黑暗的家中。假如,母亲们和女儿们只讲神的道,很多家庭就会被福音照亮。

上次桑基先生(Mr. Sankey)[42]和我在爱丁堡时,有个父亲、两姐妹和一个兄弟,每天早上都坐着读登有我讲道的报纸,然后挑三拣四,把讲道内容批得体无完肤。对爱丁堡民众居然能受到讲道的启发,他们深感愤怒。一天,其中一位姐妹经过布道大厅。她想顺便进去看看,看看里面都有些什么样的人。

---

42 桑基(Ira D. Sankey, 1840-1908),美国福音音乐歌唱家,作曲家,曾和慕迪长期在美国和英国布道。参见维基百科。

她碰巧在一位敬虔的女士身边坐下，那女士对她说："我希望你对这事工感兴趣。"

她摇头道："我绝对不会感兴趣。我对我所看到、听到的一切都感到厌恶。"

"是吗，"那位女士说，"也许你是带着先入为主的观点来的。"

"是的，而且会议不但没有减少，反而加强了它。"

"我可是从这些聚会得益匪浅。"

"对我来说，这里毫无收获。我想象不出来，一个有知识的人怎么会对此感兴趣。"

长话短说，这位敬虔的女士要她答应会再回来。布道会结束时，她的先入为主之见只消失了一丁点。但她答应第二天再来；接着，她又参加了三四次集会。她变得很感兴趣。她对家人什么都没说，直到心里实在负担太重。最后，她把这事告诉了他们。家人都嘲笑她，她成了他们笑话的对象。

有一天，两姐妹在一起，另一位姐妹说："你从那些集会中得到了什么你还没有的？"

"我有一种从未有过的平安。我与神、我自己、和整个世界都和平相处。"她继续说，"我有了自制力。在我皈依之前，你才说了一半对我刻薄的话，我就会发脾气，反唇相讥。如果你没记错的话，自从我皈依以来，我一次都没有回应过。"

姐姐说："你的的确确有我没有的东西。"皈依的妹妹告诉她，这些东西也是赐给她的。她带姐姐来参加聚会，姐姐也找到了平安。

像马大和马利亚一样，她们也有一个兄弟，是爱丁堡大学的。他也有可能得救吗？去参加聚会？对女的来说可能没问题，对他来说就不一定了。一天晚上，她们回家告诉他说，他大学里的一位朋友也站起来接受基督。当那朋友坐下时，朋友的兄弟也站起来认罪悔改。最终，朋友的最后一位兄弟也站出来认罪悔改。

那年轻人一听，说："你的意思是说他已经皈依了？"

"是呀。"

"是吗，"他说，"那一定有其原因。"

他戴上帽子和外套，去找他的朋友布莱克。布莱克带他参加聚会，他就皈依归正了。

我们前往格拉斯哥，在那里还没过六个星期，就有消息传来，说那个年轻人病倒了。临死前，他把父亲叫到床边，说："难道我的姐妹们去参加布道会不是一件好事吗？你会在天堂遇见我吗，父亲？"

"是的，我的儿子。我真高兴你是基督徒。失去你，我的唯一安慰，就是你是基督徒。我会成为一名基督徒，会再见到你。"

我的目的，是鼓励一些姊妹回到家里，传讲救恩的信息。我们谁都不能保证明天。很有可能，你的兄弟，几个月后，就会从你身边被死神带走。我们正生活在严酷的日子里。

这难道还不是时候，带我们的朋友进入神的国度吗？"来吧"，妻子，你不去告诉你丈夫吗？"来吧"，姊妹，你不去告诉你兄弟吗？你不背起你的十字架吗？如果你愿意，神的祝福将会临到你的灵魂。

我在威尔士（Wales）小住时，有一位女士告诉我一个故事。她有一位英国朋友，是一位母亲，有个生病的女儿。刚开始，父母认为女儿的病危险不大。然后，有一天，医生进来说小女孩症状很严重。他把母亲带到房间外，告诉她，孩子已命在旦夕。这噩耗就像一个霹雳。医生离开后，母亲走进女儿躺着的房间，和那孩子说话，试图转移她的注意力。

> 这难道还不是时候，带我们的朋友进入神的国度吗？

"亲爱的，你知道你很快就会听到天堂的音乐吗？你会听到一首歌，比你在地球上听过的所有的歌更甜美。你会听到他们唱摩西和羔羊的歌。你很喜欢音乐。这不是很甜美吗，亲爱的？"

这个又累又病的小女孩转过头说："哦，妈妈，我太累了，太衰弱了，我想，听那些音乐会让我更糟糕。"

母亲说，"你很快就会见到耶稣。你会看见六翼天使（Seraphim）和基路伯（Cherubim），和铺满金子的街道。"她继续讲《启示录》中所描述的天堂。

小女孩又转过头说，"哦，妈妈，我好累，我觉得看到这些美丽的东西会更糟。"

终于，母亲把孩子抱在怀里，紧贴在自己慈爱的心上。小家伙轻声说:"哦，妈妈，这就是我想要的。我只要耶稣把我抱在怀里，让我得安息。"

你难道对自己的罪不感到厌恶、疲惫吗?你难道不厌倦生活的动荡混乱吗?你可以在神的独生子的怀抱中得到安息。

第七章

我会

基督的七项旨意

当人说"我会"时,并不代表有多大诚意。即使我们无意按照我们所说的去做时,我们也常常说"我会"。但是,当基督说"我会"时,祂一定遵守祂的承诺。祂应许要做的每一件事,言必行,行必果。祂是信实的。我在圣经中找不到任何段落,基督告诉我们祂会做某件事,然后不去做。祂言出必行。

救恩

我们要看的第一个"我会",是在《约翰福音》中。到我这里来的,<u>我总不会丢弃他</u>(约 6:37)。

我可以想象,有人会说,"是这样,假如我是我理应成为的人,我会来。但是,当我想到我的过去,实在太黑暗了。我不适合来。"

你必须记住,耶稣基督来,并不是要拯救义人。祂来是要拯救像你、我这样的罪人，走入歧途，犯了罪，亏缺了神的荣耀。听听这个"我会"。它直接刺入心脏。到我这里来的，我一定不会丢弃。这涵义已经足够广泛了，不是吗？我不在乎或男或女为何人。我不在乎他们的试炼、愁烦、哀伤或罪是什么。他们只要直接来到主面前，祂不会把他们赶出去。来吧，可怜的罪人。听从祂的话，按你原本的样子来。

祂渴望拯救罪人。祂会接纳所有前来的人。祂会接纳那些罪孽深重，遭所有认识他们的人鄙视的人。祂会接纳那些被父母拒绝，遭妻子抛弃的人。祂会接纳那些堕落到甚至无人怜悯的人。祂的善工是聆听和拯救。

你必须记住，耶稣基督来，并不是要拯救义人。

这是祂离开天国来到世上的目的。祂离开神的宝座拯救罪人。人子来，为要寻找拯救失丧的人（路 19: 10）。因为　神差祂的儿子降世，不是要定世人的罪，而是要叫世人因祂得救（约 3: 17）。

有个浪荡成性、不务正业，正一头扎进自毁自灭的年轻人，参加了我们在芝加哥的一次聚会。圣灵抓住了他。我和他交谈，试图将他带到基督面前时，我就引用了前面那节经文。

我问他："你相信基督是这么说的吗？"

"我假定祂是这么说的。"

"假定祂是这么说的！你相信吗？"

"希望如此。"

我会

"希望如此!你相信吗?你做你该做的,主会做祂的。以你的本相来吧,把自己投入祂的怀抱。祂不会把你赶出去的。"

年轻人觉得这太简单、太容易了。

最终,光好像照到了他的身上,他似乎从中找到了安慰。当他双膝跪下时,已经过了午夜,但他还是跪下认罪悔改。他就此皈依归正。

我对他说:"现在,不要以为你会毫无困难地脱离魔鬼的领地。撒旦明天一早会来找你,说这都是感情用事,你只是臆想你被神接纳了。当撒旦这样做时,不要以自己的观点与他抗争。用《约翰福音》六章37节与他抗争。凡父所赐给我的人,必到我这里来;到我这里来的,我总不丢弃他。"

我不相信任何人,尚在撒旦千方百计试图绊倒他之前,就开始信靠基督。甚至,在他信靠基督之后,撒旦仍企图用怀疑来攻击他,让他相信自己并没有真正得救。

这个年轻人的情况,是争斗来得比我想象的还要快。在他回家的路上,撒旦就袭击了他。他用这段经文来抗争,但撒旦把这个想法放在他的脑海里:你怎么知道基督真的说过那样的话?也许翻译的人犯了一个错误。

他再次落在黑暗中。直到凌晨两点左右,他仍陷在困境中挣扎。最后,他得出一个结论。他说,"无论如何,我都要相信。当我进天堂时,如果这话不是真的,我会告诉主我没有犯错——翻译的人犯了错。"

得胜的生命

世上的君王发出请帖,请来的是富豪、贵人、强者、名人、智者。然而,我们的主,在地上的时候,呼召那些最卑贱的人前来祂这里。这是当时的人们指控祂的首要过错。那些自以为义的法利赛人,绝不会和妓女和税吏来往。对祂的主要指控是,这个人接待罪人,又同他们吃饭(路 15: 2)。在他那个时代,约翰·班扬也不受到社界的欢迎。他,一个贝德福德(Bedford)的补锅匠,无法走进任何一座王侯城堡。我在国外的时候忍俊不禁。他们为约翰·班扬竖立一座纪念碑,由贵族、公爵和其他伟人揭幕。当班扬活在世上时,这些人根本不允许他踏进他们的城堡墙内。然而,他却成为传扬福音最有力的工具之一。没有一本书能像约翰·班扬的《天路历程》那样接近圣经。然而,他却是一位贫苦的贝德福德补锅匠。神就是这样。祂捡起贫穷、丢失的弃儿,使他成为使成千上万人归向基督的工具。

乔治·怀特腓德[43](George Whitefield)站在他在伦敦的教堂里,周围聚集着一大群人,他大声呼喊道:"主耶稣将会拯救魔鬼的弃儿!"

外面街上,有两个贫穷、被遗弃的女人,听到了从空中传来他那庄重、清晰悦耳的声音。她们彼此看着对方的脸,说,"那一定是指你和我。"她们满心欢喜地流下眼泪。俩人随即走近教堂,向里面张望。这位火热心肠的使者,眼

---

[43] 乔治·怀特腓德(George Whitefield, 1714-1790),亦称怀特腓,英国国教牧师,与约翰·卫斯理同为卫理公会创始人。参见维基百科。

里含着泪水，正在恳求人们将他们的心献给神。其中一个女人就写了一张小纸条，传递给他。

那天，晚些时候，当怀特腓德坐在挚友亨廷顿夫人[44]（Lady Huntington）的桌旁时，在场的某人说："怀特腓德先生，你今天说主会拯救魔鬼的弃儿，是不是太过分了？"

怀特腓德从口袋里拿出那纸条，递给亨廷顿夫人。他说："你能大声念这张纸条吗？"

她读到："怀特腓德先生，今天，有两个贫穷、失丧女人站在你的教堂外。我们听到你说主会拯救魔鬼的弃儿，这将是我们最后的希望。我们写这封信是为了告诉你，我们现在因信祂而喜乐。从这个美好的时刻开始，我们将努力为我们的主服务。"

洁净

在《路加福音》中，可以找到下一个"我会"（译者：我肯）。我们读到有一个麻风病人来到基督面前。有一回，耶稣在一个城里。有人满身长了大麻风，看见祂，就俯伏在地求祂说："*主若肯，必能叫我洁净了。*"耶稣伸手摸他，说："*我肯。你洁净了吧。*"麻风病立刻就离了他的身（路 5：12-13）。任何充满如麻风病般罪恶的男士或女士读到这里，就去找主，把你的情况都告诉祂。祂会像对待那个麻风病人一样对你说，*我肯。你洁净了吧。*你麻疯病般的罪恶就会远离

---

44 亨廷顿夫人或亨廷顿伯爵夫人（Lady Huntington or Countess of Huntingdon，1707-1791），英国宗教领袖，曾和约翰·卫斯理、乔治·怀特腓德一起推动基督教复兴运动。参见维基百科。

你。主，惟有主，能赦免所有的罪。如果你对祂说："主，我充满了罪。*主若肯，必能叫我洁净了*。主啊，我脾气很坏。*主若肯，必能叫我洁净了*。主啊，我有一颗诡诈的心。主啊，洁净我。给我一颗新心。赐我力量战胜肉体和魔鬼的网罗。主啊，我身上有很多不洁净的恶习。"

如果你带着真诚的心来到祂面前，你会听到祂的慈声说：*我肯。你洁净了吧*。事必将完成。你认为，从无到有创造世界的神说，"你洁净了吧"，你难道不会被洁净？

今天，你可以有美好的交换。你可以用健康代替疾病，你可以摈弃所有在神眼中卑鄙可恨的东西。神的独生子降下来说："我要除掉你的麻风病，给你健康。我会清除那个毁坏你身体和灵魂的可怕疾病，把我的义赐给你。我要给你披上救恩的外衣。"

这难道不是很棒吗？当祂说，我会，这就是祂的意思。你要牢牢抓住这个"我会"。

承认

凡在人面前认我的，我在我天上的父面前也必认他（太 10：32）。此处，"我会"是指承认。

承认，是人得救之后的下一步。当我们被羔羊的血洗净后，接下来就是要开口承认。我们必须在这个黑暗的世界里承认基督，把祂的爱告诉别人。我们不要以神的独生子为耻。

当某人取得的成就，能使他的名字在英国议会、女王和她的宫廷面前被提及时，他会认为这是一种莫大的荣誉。战争期间，当某个将军战绩赫赫，有人在国会站起来宣布他的勋绩时，我们曾经是多么的兴奋。在中国，我们读到，一名成功将士的最高志向，就是能在孔子的庙中刻有其名。仅为此想一想，因你在地上承认祂，你的名字将在天国被荣耀的君，神的爱子提到！你若在地上承认祂，祂必在天国承认你。

你若盼望被带入自由的光明中，就必须站在基督一边。我认识很多基督徒，他们一直在黑暗中摸索，从未进入天国的光明，因为他们羞于承认神的儿子。我们生活的时代，是一个人们想要一个没有十字架的宗教的时代。他们想要冠冕，但不要十字架。

> 你若盼望被带入自由的光明中，就必须站在基督一边。

但是，我们若要成为耶稣基督的门徒，就必须背起我们的十字架，不是每年一次或只在安息日，而是天天如此。我们若背起自己的十字架跟随祂，我们就将以此得到祝福。

我记得，纽约有个男士曾经常来和我一起祈祷。他有他的十字架。他的十字架是害怕承认基督。他把圣经藏在抽屉的底部。他想把它拿出来，读给他的室友听，但又不好意思这么做。整整一周，这就是他的十字架。在背负了许久的重担、经过一阵痛苦争扎之后，他下了决心。今晚，我会拿出我的圣经来读。然后，他把圣经拿出来。不久，他听到室友上楼的脚步声。

他的第一个自然反应是把圣经再次收起来，但他决定不这样做。他决定拿着圣经面对他的室友。他的室友走进来，看到他拿着圣经，说："约翰，你对这些东西感兴趣吗？"

"是的，"他回答。

"有多长时间了？"室友问。

"正好一个星期，"他回答。"整整一个星期，我都想把圣经拿出来读给你听，但直到现在，我没有这样做。"

"是吗，"他的朋友说，"这是很奇怪的事情。我在同一天晚上也信主了，我也是为拿出我的圣经感到羞愧。"

你羞于拿出圣经说："这些年来我一直过着不敬虔的生活，但从今以后我要过正义的生活。"你羞于打开你的圣经，诵读那首有福的诗篇：*耶和华是我的牧者，我必不至缺乏*（诗 23：1）。你很羞愧被看到跪在地上。人若不背负十字架，必不能成为耶稣基督的门徒。很多人想知道，为什么耶稣基督的门徒这么少，而穆罕默德（Muhammad）却有这么多门徒。原因是，穆罕默德不需要门徒背十字架。作为基督徒，能够站出来表明自己的立场的，实在是寥寥可数。

令我震惊的是，在美国南北战争期间，有那么多人毫无惧怕地冲向大炮的炮口，可是，他们却没有勇气在晚上拿起圣经阅读。他们以耶稣基督的福音为耻，而这福音恰恰是神拯救的大能。*凡在人面前认我的，我在我天上的父面前也必认他；凡在人面前不认我的，我在我天上的父面前也必不认他*（太 10：32-33）。

我会

服事

下一个"我会"是有关服事。

许多基督徒感到很兴奋,激动地说:"我要服侍基督。"

好吧,基督说,来跟从我,我要叫你们得人如得鱼一样(太4:19)。

任何基督徒都可以帮助将某人带到救主面前。基督说,我若从地上被举起来,就要吸引万人来归我(约12:32)。我们的事奉就是要高举基督。

我们的主对门徒说,来跟从我,我要叫你们得人如得鱼一样。门徒们就单单顺服祂。然后,在五旬节那天,我们看到了结果。那天,彼得收获颇丰。我怀疑他在一天内捕到的鱼,能够达到他那天得到的人一样多。假如他们拉网能拉到三千条鱼,船上每一个网都会破裂。

> 在教会里,我们容不下以为救恩就是一路轻松上天堂的头等舱乘客。

前不久,我读到一个人乘坐驿站马车的故事。马车的乘客分头等舱、二等舱和三等舱。但是,当他进了车厢里,却看见所有的乘客都坐在一起,无等级区别。他一直不明白,直到他们来到一座小山前。

车子停下,司机喊道:"头等舱的乘客不要动。二等舱下车步行。三等舱到后面推车。"

在教会里,我们容不下以为救恩就是一路轻松上天堂的头等舱乘客。我们也容不下二等舱的乘客。他们大部分时间都是被人抬着,而当必须自己解决问题的时候,他们只好跟着翻山越岭。但是,他们从没想过要帮助兄弟姐妹。凡教会成员都应该是三等舱乘客。我们都应该准备好下马,一起来推,用意志来推动事奉。这就是约翰·卫斯理对教会的定义,"全力以赴,始终如一"。

每个基督徒都应该是工人。他不需要成为传教士或牧师才觉得有用。他可能在商业界有用。雇主可以被神使用,不管是在和雇员一起工作中,或在他的业务关系范围内。通常,一个人在商界的作用比在其他领域更大。

为什么有这么多人没有成功,其中,有一个重要的原因。许多好人问我:"为什么我们没有任何结果?我们努力工作,努力祈祷,努力传道。然而,成功并没有到来。"我告诉你为什么。这是因为,他们把所有的时间都花在补网上,而不在捕鱼上。难怪从来没有捕到过任何东西。

至关重要的,是要开审查会议,拉开网看看是否捕到了什么。如果你老是在修补、设网,你就不会捕到很多鱼。有谁听说过一个人出去捕鱼,设下网,就停在那里,从不拉网?人人都会嘲笑这个人的愚蠢。

有一天,一位英国牧师来找我说:"我希望你能告诉我,为什么我们的牧师尽了全力,但不成功。"

我解释了拉网的意思,说:"你要拉网。曼彻斯特有很多传道人布道能力比我强得多,但是我拉了网。"

很多人反对开审查会议,但我向他强调了会议的重要性。这位牧师说:"我从来没有拉过网,但我会在下周日尝试一下。"

那个周日,他就这样做了。结果有八个人,内心迫切的慕道友,进到他的书房里,要他解答关于救恩的问题。接下去的那个星期天,他来看我,说他这辈子从来没有过这样的星期天。他亲自面对一个奇妙的祝福。再下一次,他拉网时,有四十位福音慕道友。后来,他来看我时,对我说:"慕迪,去年我有八百人皈依归正!我没有更早地拉网,这实在是大错特错。"

如果你想得到人,只要拉网。假如你只得到一个人,那也是成就。很可能是一个小孩子,但我知道一个小孩可以改变整个家庭。你不知道咨讯室里那个小男孩身上具有什么样的潜力。他可能会成为另一位马丁路德,一个让世界震动的改革者。你实在无法知道。神用世上的弱者来震惊强者。神的应许就如银行支票。这是基督的一张期票:*来跟从我,我要叫你们得人如得鱼一样。*你能现在就抓住这应许,相信这应许,跟随祂吗?

如果一个人传讲福音,并且忠实地传讲,他应该期待在当时当地得到结果。我相信,这是神的儿女的权柄,一年三百六十五天,天天都能收获劳动成果,。

有人说:"不是说,有播种的时候,亦有收获的时候吗?"

是的,确实如此。但是,你可以一手播种,另一手收割。如果是一个常年播种,却从没想过收割的农民,你会怎看？同样，我们要边播种，边收割。我们若真正寻求自己的劳动成果，就必能看到成果。我若从地上被举起来，就要吸引万人来归我。我们必须高举基督，出去寻找人，把他们带到基督面前。

你必须使用纯正的鱼饵。很多人不这样做，然而又想知道为什么他们没有成功。你会看到，他们尝试不同类型的娱乐，来试图得着人。这是朝着错误方向迈出的一步。这个正在灭亡的世界需要基督，那被钉死在十字架上的基督。每个人的内心深处，都有一个渴望被填补的空洞。我们若用纯正的鱼饵来接近他们，我们就会得着他们。这个垂死的世界需要一位救主。我们若要成功地得着人，就必须传扬被钉十字架的基督。我们不仅要传扬祂的生，还要传扬祂的死。如果我们忠实地做到这一点，我们就会成功。为什么？因为这是祂的应许。来跟从我，我要叫你们得人如得鱼一样。这个应许对你我和祂的门徒一样有效。现时和他们那个时代是一样的真实。

想想那在天上的保罗。多少人，那些通过他的著作被带到基督面前的男男女女，每天、每时每刻都能回家与主同在。保罗所开启的溪流，一千多年来源源不断、滔滔不绝。

我可以想象，有人会上天去，说："保罗，谢谢你给以弗所人写了那封信。我在其中找到了基督。"

"保罗，我感谢你给哥林多人写了这封信。"

"保罗，我在那封腓立比书信中找到了基督。"

我会

"保罗,我感谢你写给加拉太人的书信。我在其中找到了基督。"

我猜想,他们一直都在保罗面前,感谢他所做的一切。当保罗被关进监狱时,他并没有双手合十地坐下来闲着。不,他提笔书写。他的书信,随着时间的流逝而流传下来。这些书信使成千上万的人认识了被钉十字架的基督。是的,基督对保罗说,"跟从我,我要叫你成为得人的渔夫。"从此以后,保罗一直在寻找流失的灵魂。当撒但把保罗关进腓立比的监狱时,撒但以为做了一件非常聪明的事。他大错特错了。他做得过火了。我毫不怀疑,从那以后,保罗为在腓立比的监狱里受鞭打、遭监禁而感谢神。我们惟有进了天堂,才能知道保罗对世界产生的影响有多大。

安慰

下一个"我会"是在《约翰福音》。*我不撇下你们为孤儿,我必到你们这里来*(约 14:18)。

对我来说,想到基督没有撇下我们,让我们独自留在这片黑暗的旷野中,真是一个非常甜美的念头。虽然祂已经升上高天,坐在天父的宝座旁,但祂没有撇下我们。当他们把约瑟投入监狱时,祂没有离开他。神与约瑟同在。当但以理被扔进狮子坑时,他们是把全能者和但以理一同扔了进去。神和但以理紧密联接,无法分开。于是,神和但以理一起下到狮子坑里。

我们若有基督同在，就能做任何圣工。我们不要老是专注于自己有多软弱。让我们举目仰望祂，想到祂是我们的长兄，拥有天上地下所有的权柄。祂说，我就常与你们同在，直到世界的末了（太 28：20）。我们的一些孩子和朋友离开了我们，这是一个非常悲伤的时刻。但是，感谢神，信徒和基督永远不会分开。祂在这里与我们同在，我们将在永恒中永远与祂同在。祂不仅与我们同在，而且还差遣圣灵给我们。让我们承认圣灵就在我们当中，以此来荣耀祂。祂有能力使瞎子看见，使被掳的得自由，开启聋子的耳朵，让他们听到那美好的福音。

复活

然后，在《约翰福音》第六章，还有一个"我会"。仅在那一章，"我会"就出现了四次。*并且在末日我要叫他复活*（约 6：40）。

想到我有一位胜过死亡的救主，我甚喜乐。神圣救主握有阴间和死亡的钥匙。我从这个应许中所得到的安慰，是圣经所有的应许中最大的。这应许给我带来了喜乐，照亮了我的道路。

前些日子，一位亲爱的弟兄去世了。当我走进房间，看着那位弟兄亲爱的脸庞时，那段话穿透我的灵魂。我的弟

我会

兄将会复活。我说:"感谢神的应许。"对我来说,这应许比整个世界都值钱。

当我们把他安葬在墓里时,我仿佛听到耶稣基督的声音,说:"你的弟兄会复活。"复活,这是神圣的应许。

荣耀

父啊,我在哪里,愿你所赐给我的人也同我在哪里(约 17:24)。

这是主在客栈里最后的一次祈祷。是祂被钉在十字架上,以最残酷的死,死在骷髅地之前的最后一个晚上。众多的信徒,想到将来能在天上看到君王的荣美,就满心欢喜。将来,我们必迎来辉煌的一天。有些信徒认为,在我们归正的第一天,我们就拥有了一切。可以确定的是,我们得到了对过往一切的救赎和现今的平安。但是,仍有未来的荣耀尚待取得。保罗,正是为这未来的荣耀,常常喜乐。与即将到来的荣耀相比,他认为自己的苦难、被鞭打、被扔石头都算不了什么。他认为这些事不算什么,惟这样他才能赢得基督。因此,当我们遭遇攻击、逼迫、种种阻扰时,让我们振作起来。记住,黑夜很快就会过去,黎明即将来临。死亡永远不会来到天国。它被驱逐在天国之外。疾病、痛苦和悲伤,不允许进入、玷污那宏伟而荣耀的家。在那里我们将与主永远同住。神的家人将同住在那里。我的朋友们,这是一个美好的未来！它的到来，也许比我们许多人想象的要近得多。让我们在地球上短暂的日子里，坚定不移地站立。我们将在永恒中，居住在那光明的国度里，万王之王将永远在我们中间掌权。

有关作者

德怀特·慕迪（Dwight L. Moody），一心要发财致富，来到芝加哥经商卖鞋。然而，基督找到了他，他转身把全部精力投入到福音的全职事工。如此美好的福音事工！今天，慕迪的名字依然为一座教堂、一个宣教使命、一所学院，及诸多的事工，带来恩典和光彩。慕迪爱神爱人，其爱的力量之深广，影响着一代接一代的人。

其他类似书籍

十字架, 莱尔

「但我断不以别的夸口,只夸我们主耶稣基督的十字架。」(加六 14)

读者啊,请让我来跟你谈谈这个题目。相信我,这是一个有着最深远的重要性的题目,绝非什么简单的争议的问题;绝非什么人们认为尽可以言人人殊,同时却觉得对他们进不进天堂并无大碍的观点。"你怎么看基督的十字架?"每个人都必须对这个问题有正确的答案,否则他就永远失丧。对这个问题的答案将决定:天堂或地狱,幸福或悲苦,生命或死亡,末日的祝福或咒诅,也就是说,将决定一切。

让我来告诉你:

1. 使徒保罗断不以什么夸口
2. 使徒保罗以什么夸口
3. 为什么所有的基督徒都应像使徒保罗那样思考和感受到十字架

免费下载

慈声呼唤

这是和你,读者,心贴心的对话。在这里检验并一个个地解决了每一个借口,理由,和对你来就近耶稣可能的障碍。如果你觉得你这个人很糟糕,或者你也许真的很糟糕而且你公开或隐秘地在罪中,你将发现,基督里的生命也是为你的。你可以拒绝得救因着信的信息,或者你可以选择在宣告了对基督的信仰之后却仍然过一个罪中的生活,但是你却不能为了你或为了他人来改变这个真理本身。因此,你和你的家庭应当来拥抱这个真理,占有它,并真正在今日也在永恒中得自由。来吧,接受这个神白白赐予的礼物,为了他而过一个得胜的生活。

免费下载

天路

在基督里有生命。丰盛、喜乐、美好的生命。的确,主会管教祂所爱的人,我们也常常受到世界和魔鬼的试探。但是,如果我们知道如何跨越这种诱惑,来亲近耶稣基督的十字架,将眼目定睛在我们的主身上,那么,我们在地上和天上的奖赏,将比这个世界所能给的要好上百倍。

这本书写得很透彻。它生动地描绘了神的爱,剖析未得救之人灵魂的状态,解析耶稣基督在十字架上,为了我们的罪,做了什么。《天路》切实地审视了我们悔改和跟随耶稣的需要,并将希望带给我们,即那在天堂里永恒、喜乐的生命。

免费下载

www.ingramcontent.com/pod-product-compliance
Lightning Source LLC
Chambersburg PA
CBHW070146080526
44586CB00015B/1862